サイレントセールストレーナー
渡瀬 謙
Ken Watase

自分にムリせず売れる
6つのステップ

“内向型”のための「営業の教科書」

大和出版

はじめに

いま、内向型の性格のことで悩んでいるあなたへ

内向型の性格と営業という仕事。

一般的には、相性の悪い組み合わせに思えるかもしれません。

気弱で口下手であがり症という超内向型の私は、大学卒業を機に、自分には向いていないと思っていながらも営業の世界に飛び込みました。

過酷な環境に身を置くことで、子どものころから大嫌いだった自分の性格を変えたかったのです。

ところが実際には、自分を変えようとするほど、苦しく売れない日々が続きました。

これも試練だ。耐えるしかない。

しかし、いつまでこれが続くのだろう……。

出口の見えない暗闇を手探りで歩いているような不安でいっぱいの毎日でした。

そんな私があるときを境に、急に売れるようになり、あっという間にトップセールスになってしまいました。

自分でもびっくりです。

何しろ子どものころから何かでトップになったことなど1回もなかったのに、営業という最も相性の悪そうな仕事で一番になったのですから。

何より意外だったのは、「自分を変えずに」成果を出せたことです。

自分を変えようと頑張っていたときは売れずに、素の内向型の性格のままで客先に行き始めたときに、ウソのように売れ始めたのです。

なぜそうなったのか？

その理由をいまから10年ほど前に『内向型営業マンの売り方にはコツがある』とい

う本で解説しました。私の初めてのベストセラー本でもありました。
その後、その内容を研修やセミナーなどでもアドバイスしてきましたが、時代の移り変わりや営業スタイルの変化に伴って、改善を繰り返してきました。

もちろん、根幹の部分は変わりませんが、手法やトークの表現方法などは格段にレベルアップしています。

この本は、前著で語った営業の普遍的部分を引き継ぎながら、これからの営業に合わせて一から書き下ろしたものです。
その意味では、すでに前著をお読みの方にも、なおいっそうお役に立てる内容になっていると自負しています。

私は内向型の性格にもかかわらず営業で成果を出せたことで、人生が大きく変わりました。
仕事に自信がもてるようになり、生活や収入も安定して、一生できないだろうと思っていた結婚もできました。
それは私だけではありません。私がこれまでアドバイスしてきた内向型営業マンたちのほとんどすべてが人生を大きく好転させています。

内向型には、内向型ならではの売り方があります。

もしいま、内向型の性格だから営業はムリだろうと思っている人がいたら、私は自信をもって、こう伝えたいです。

「これからの営業は内向型こそ向いている！」と。

この本は、いま売れずに苦しんでいる内向型営業マンだけでなく、営業になることをためらっている人のためにも書きました。
あなたの新しい人生を切り開くためのきっかけになることを祈っています。

サイレントセールストレーナー　渡瀬　謙

〝内向型〟のための「営業の教科書」

もくじ

はじめに
いま、内向型の性格のことで悩んでいるあなたへ

序章

なぜ、どの内向型営業マンも〝すごい結果〟を出せたのか？

典型的なダメ営業だった私が一気に全国トップに！ 18
全国500名中ビリからトップ10入り！ 22
「売れない営業」から「営業を教える側」へ 25
口うるさい上司を結果で黙らせた内向型営業マン 28

第1章

内向型のままでも売れる「ステップ営業法」とは何か？

「内向型＝営業に不向き」は大きな誤り……34
内向型営業マンに追い風が吹き始めている……38
内向型の5つの特性こそが営業という仕事に活きてくる……42
「ステップ営業法」は6つのステップでできている……47
それぞれのステップの関係はどうなっているのか？……52
いまこそ「内向型に合った真の営業力」を身につけよう……62

第2章

もう冷たく断られない、ストレスがかからない！

――ステップ① 新規アプローチ

これからの新規アプローチに気合いや根性はいらない …… 66
ズバリ、新規アプローチの役割とは何か？ …… 68
「セールス型」と「リサーチ型」の違いを知っておこう …… 72
お客さまは「セールス型アプローチ」を瞬時に見抜くプロ …… 78
「営業のニオイ」はこんなところに表れる …… 81
言葉の抑揚も要チェック …… 83
「リサーチ型アプローチ」はこの一言から始めよう …… 87
営業マンは「お願い」してはいけない …… 90
「リサーチ型アプローチ」は内向型にこそ向いている …… 92
メールで新規アプローチをする際のコツ …… 95

それでも新規アプローチにストレスを感じるときには？ 100

第3章

お客さまの警戒心が自然と消えていく！

――ステップ②アイスブレイク

緊張の面談。場の空気をどう和ませるか？ 104
ズバリ、アイスブレイクの役割とは何か？ 107
この「勘違い」があなたの足を引っ張っていた！ 110
アイスブレイク上達のカギは、じつにシンプル 113
知っていても意外と身についていない「会話の基本」 118
この3つの話題を用意すれば初対面でも怖くない 120
迷わずにスパッと「話題の優先順位」を決める方法 129

「今日は売らない」はムリせず売るための魔法の呪文 134
メールの末尾の一文が〝次〟のチャンスを生み出す 138
この一言でスムーズにヒアリングに移れる！ 140

第4章 お客さまが自ら本音とニーズを語り出す！
――ステップ③ヒアリング

ズバリ、ヒアリングの役割とは何か？ 146
なぜ、お客さまはウソをつくのか？ 152
「営業のニオイ」を瞬時に消し去る、とっておきの一言 154
「質問の順番」でお客さまの反応はこれだけ変わる 157
会話をストップさせてしまう「未来の質問」 159

お互いにストレスがなくなる「過去の質問」……161
過去から未来にスムーズにつなぐ「現在の質問」……164
ヒアリングの極意は「裏ニーズ」を引き出すことにある……167
内向型が意識すべきは「小さなリアクション」……171
人の気持ちに敏感な性格だからこそうまくいく！……176

第5章

最小限の言葉でお客さまの「納得」が得られる！

――ステップ④プレゼンテーション

ズバリ、プレゼンテーションの役割とは何か？……180
いかに〝説明〟をしないかが、商品説明のキモだった！……183
お客さまに「特別感」を与える伝え方にはコツがある……187

お客さまの声を「レビュー」として活用しよう 189
「動画」のメリットを最大限に活かす方法 193
大勢の前でのプレゼンにはどう臨めばいいのか？ 199
内向型があがらずに話すための3つのコツ 202
お客さまを3つのタイプに分ければ半自動的に対応できる！ 207

第6章

お客さまの「買わない理由」がどんどんなくなる！

——ステップ⑤クロージング

クロージングを得意としている営業マンの共通項 214
ズバリ、クロージングの役割とは何か？ 217
あなたは、どちらのスタイルを選びますか？ 220

お客さまの「買わない理由」を消すクロージング法 223
これをやったら、すべてが水の泡になる 227
「既存のお客さまの声」は究極のクロージングツール 230
内向型の性格だからこそ「決め手」になる一言とは？ 232
お客さまが買わないときには「フォロー客が増えた」と考えよう 235

第7章

将来、お客さまが「買いたい」と言ってくる！

――ステップ⑥フォロー

自分がラクになる営業スタイルにシフトしよう 240
ズバリ、フォローの役割とは何か？ 242
この発想ができれば、飛躍的に売上げが伸びる！ 244

フォロー重視の営業スタイルへの転換でトップ営業に！……249
お客さまのランク分けをすると「やるべき行動」が見えてくる……254
お客さまからの信頼度を「見える化」しよう……258
メールを活用して「会わずに」フォロー……261
「紹介」をもらえる営業マンには理由がある……266
だから、あなたも必ず「売れる営業」になれる！……270

私が一番伝えたいこと――「おわりに」に代えて
◎「ステップ営業法」が内向型営業マンの人生を変える
◎内向型という「個性」を活かすかどうかはあなた次第

本文デザイン　村﨑和寿

序章

なぜ、どの内向型営業マンも〝すごい結果〟を出せたのか？

典型的なダメ営業だった私が
一気に全国トップに！

私は現在、内向型営業マンに向けて、**「売れる営業」**になるためのノウハウを教える仕事をしています。

「物静か」で「口下手」で「人見知り」であるのにもかかわらず、営業職に就いて売れずに悩んでいる人が主な対象です。

かくいう私自身、幼少期から現在に至るまで、一貫して内向的な性格でした。

小中高では、いずれもクラスで一番無口。

授業中に指名されるだけで顔が真っ赤になって大汗をかいてしまうほどの超あがり症。

となりの女子に「消しゴム貸して」など絶対に言えない。

まさに典型的な「コミュ障（コミュニケーション障害）」でした。

そのようなタイプの自分でも、あの営業が強いと言われているリクルートで全国1位の成績を出せたことで、**「内向型でも売れる方法」**を見つけることができたのです。

もともと自分を変えたいと思って飛び込んだ営業の世界でしたが、案の定、最初は全く売れませんでした。

口下手を克服しようとしゃべる練習を繰り返しました。

トークもスラスラ言えるように暗記しました。

でも、全然売れません。

まわりの営業マンたちは、ふだんから明るくて話もうまく、なおかつコンスタントに売れていました。まさに営業になるべくしてなったようなタイプばかり。

もって生まれた能力の差に、私は絶望さえ感じていました。

「やっぱり自分みたいな人間がやるべき仕事じゃなかったんだ……」

中途でリクルートに入社してから6カ月間、ほぼ売上げゼロの私は、営業をあきらめかけていました。

そんな私にリーダーが声をかけてくれました。

「明日、営業に行くけど、一緒に行くか?」

営業同行の誘いです。

もちろん、声をかけてくれたことはうれしかったのですが、反面、「でも、あなたの営業を見ても参考にはならないよ」という気持ちもありました。

なぜなら、彼は明るくてしゃべりもうまく、しかも全国トップクラスの営業成績だったからです。

でも、せっかくの誘いですから、翌日一緒に行きました。

そして、そこで私は衝撃を受けます。

彼の営業スタイルは、私の想像していたものとは全く違っていたのです。

「盛り上げない」「しゃべらない」「売り込まない」

いつも会社でみんなを笑わせているようなトークはいっさいなく、ほとんどお客さまのほうがしゃべっていました。

ときには、ハラハラするような長い沈黙もありました。

ところが、そのようなスタイルで売れるのです。

その日は3件行ったのですが、すべてで注文がとれました。

それまで私は、「しゃべりがうまい営業じゃないと売れない」と思い込んでいたのですが、その常識（？）を見事にひっくり返されました。

そう、彼のやり方を見て、**「営業はしゃべらなくても売れる」**という現実を知ったのです。

それを境に、私は**「内向型の自分に合った方法」**を探し始めました。

真っ先にやったのは、**「しゃべる練習をやめた」**こと。

その後もさまざまな工夫をしながら徐々に手ごたえを感じ始め、その後の４カ月で一気に売上げを伸ばして、全国トップの成績を収めることができたのです。

その経験をもとに『内向型営業マンの売り方にはコツがある』を書いたことは、「はじめに」で触れました。


内向型の人がどこでつまずいていて、どこに悩んでいるのか。

そして、どうすれば解決できるのか。


私自身が一番苦しんでいたので、いまではこのことについてはだれよりも正しい答えを教えられるという自負があります。

実際、私が一番得意なのは、内向型の人を「売れる営業」に変えることです。

これまでに、セミナーや研修、そして個人コンサルティングなどで教えてきた人の数は1万人以上。そのほとんどすべての方が成果を出しています。

次の項目からは、そのなかでもとくに印象に残っている人たちをご紹介することにしましょう。

全国500名中ビリからトップ10入り！

★中堅信用金庫で営業歴5年のSさん（28歳）

最初にSさんと会ったのは、私が定期的に開催しているセミナー会場でした。

ややぽっちゃり系で穏やかな雰囲気の彼は、いわゆるイケイケの営業マンとはかけ離れたタイプ。

少し北関東系のなまりが、生真面目で誠実そうな印象を強めていました。

セミナー後の懇親会で話を聞くと、営業成績が上がらずに悩んでいるとのこと。

いつも上司から叱られてばかりで、**「お前は営業に向いてないから転職しろ」**とも言われていたそうです。

営業経験も5年目なのに、成績は全国でビリ。

後輩からも追い抜かれて会社に居づらい状況にもなっていました。

そこで、**「これでダメだったら営業を辞める」**と決意して、私の個別コンサルティングを受けることにしたのです。

月に1回、オンライン通信を使ってのレクチャーが始まりました。

Sさんは、とても真面目でした。真面目すぎるくらいです。

上司から言われたことを、素直にそのまま実践するタイプでした。

でも、それがかえって彼の成長を止めていたのかもしれません。

当時の上司からは、「毎日お客さまのところへ訪問して、とにかく説明してまわってこい」と指導されていたそうです。

Sさんは、それがとても苦痛でした。

お客さまが聞きたくないことを強引に話すというのが性に合わなかったのです。

もちろん、上司も彼が売れることを願って指導していたのだと思いますが、たとえそれで売れたとしても、苦しみを伴っていれば長続きはしません。


私がSさんに集中して教えたのは、主にアイスブレイクの部分でした。


そこが彼のウィークポイントであり、強化すれば最大の強みになると考えたからです。

加えて、自分から強く働きかけるのではなく、お客さま側から近づいてきてくれるような手法もアドバイスしました。

すると、お客さまからの指名で相談の電話が来るようになってきたのです。

しかも、お客さまの要望に応じているうちに注文が入るという、Sさんにとっても理想的な展開でした。

最終的に、Sさんは**全国500名の営業のなかでトップ10入り**を果たしました。

あれほどどうるさかった上司は、「どうやっているんだ?」と彼に質問してくるようになったそうです。

その後、Sさんはヘッドハンティングで転職して、さらなるキャリアアップを目指しているところです。

「売れない営業」から「営業を教える側」へ

★求人サイト営業歴7年のTさん（32歳）

Tさんは、私の著書をいくつか読んでいて、その内容についてメールで質問がきたのが、知り合ったきっかけです。

メールの文面からも、生真面目なタイプだということがわかりました。

性格も、口下手で大人しいのだと自分で書いていました。

彼は、営業に行って何かの壁にぶつかるたびに、私に質問してきます。

最初のうちは、わかりやすいように長文で返信していました。

しかし途中で、「これはキリがないパターンだな」と感じるようになりました。

というのも、彼の質問は、いつも次のような感じなのです。

「今日、お客さまから○○と言われました。どう返せばよかったのでしょうか？」

「アイスブレイクで、○○の話題を振ってみたのですが、お客さまの反応がよくありませんでした。○○の話題はよくないのでしょうか？」

ケースバイケースの悩みなので、それに対して答えを出すことはできます。

しかし再現性があまりないので、それを覚えても他では使えないのです。

おそらく彼の学習スタイルは、すべての事例を丸暗記して、それを実践で使おうというものなのでしょう。

そこで、私はある提案をしました。

一度、私のセミナーに参加するようにすすめたのです。


Tさんに必要なのは、表面的なテクニックではなく、そのベースとなっている部分でした。

営業の軸となるもので、ノウハウやテクニックはその上に乗せて使うものだからです。

セミナーでは、営業のベースの部分（この本では**「ステップ営業法」**と呼んでいます）を、しっかりと伝えました。

Tさんも納得して帰っていきました。

その後、Tさんからの質問メールはパッタリとやみました。

何かの壁にぶつかったとしても、そのベースのフィルターを通すことで、自分で答えを見つけられるようになったからです。

それから1年後に、また彼からメールが届きました。

相変わらず質問のメールでしたが、その内容が大きく変わっていました。

「おかげさまで、昨年の売上げで年間賞をとることができました。

ありがとうございます。これまではお客さまに何か言われるたびに、どう対応したらいいのか迷っていましたが、いまではその迷いが消えました。

そして、自信をもって営業に行けるようになってから、売れ始めました。

それを見ていた上司から、**『今度、社内研修の講師をやってくれ』**と言われ、いまはそれで頭がいっぱいです。

そこで質問なのですが、講師をやるときの心がまえや気をつけることなどを教えていただけないでしょうか。よろしくお願いします」

Tさんが講師をやるとは驚きです。

相変わらず悩みは尽きないようですが、何だか一皮むけた感じでうれしかったですね。

その後、彼は全国の支店をまわって営業を教えているそうです。

口うるさい上司を結果で黙らせた内向型営業マン

★大手人材派遣会社の新人営業マンYさん（25歳）

Yさんは、とても大人しい営業マンでした。

業界トップの人材派遣会社に入社して1年目の新人です。

口数が少なくて、人と話をするときもうつむき加減の彼は、一言でいうと覇気がないタイプ。

そのせいで、上司からはいつも小言を言われていたそうです。

そんな彼と初めて会ったのは、私が開催している1日セミナーでした。

とても熱心に受講していたのを覚えています。

そして、1年後に、また同じセミナーに参加してきました。

聞くと新人のなかでトップになったそうで、今回はその報告がてら来たとのこと。

一度セミナーを受講しただけで、そこまで売れるようになったのには、私も驚きました。

ただ、詳しく話を聞いてみると、いろいろ苦労もあったようです。

「教わったとおりに、テレアポでは静かな口調で話していたのですが、それを見た上司に『もっと元気よくやれ！』としつこく言われました」

「まあ、そういうことはよくあるよね。で、どうしたの？」

「はい、それでも自分がやっている方法は正しいと思っていたので、だれもいない会議室に行って電話をしていました」

「なるほど、やるねえ」

「それでアポがとれるようになって、売上げも伸びていきました」

「すごいね。それで上司の人は何か言ってきた？」

「はい。売れるようになってからは、自分の席で電話をするようになったのですが、それを上司が見ていて、『**なんでそんなにボソボソした電話でアポがとれるんだ？**』と不思議そうにしていました。でも、もう『元気に話せ』とは言わなくなりました」


口うるさい上司を結果で黙らせたということです。

それからさらに1年後、彼から電話がありました。

「渡瀬さん、ウチに来て講義をしてもらえませんか？」


聞くと、彼は2年目にして、全国トップ営業にまでなっていたのです。

実績を上げ続けている彼を見て、例の上司が、**「どうやったら売れるのか、みんなに教えてやってくれ」**と言ってきたそうです。

そこで、自分で教えるよりも私に直接講義をしてもらったほうが早いと考えて、電話をしてきたとのこと。

私としても、最高にうれしい瞬間です。

久しぶりに彼と会うと、相変わらず大人しくて、自分からはほとんどしゃべりません。

でも、そんな彼がトップ営業になっていることが、私にさらなる自信を与えてくれました。

私は、彼に聞いてみました。

「『売れる営業』になるために、大切なことは何だと思う?」

しばらく考えて、言葉を選びながら彼はこう答えました。

「お客さまから信頼されることをやることですかね」

その返事だけで、彼がどんな営業をやっているのかが見えてきます。

そう、営業は「売ること」よりも「お客さまからの信頼」をゴールにすることで、結果として売上げがついてくるものなのです。

ありがたいことに、その後もその会社とは継続的に講師としておつき合いしています。

以上、とくに印象に残った内向型営業マンたちを見てきたわけですが、このような事例はまだまだたくさんあります。

ですから、どうぞ期待してください。

彼らに教えてきたエッセンスをすべて盛り込んだこの本を読めば、内向型でも「売れる営業」になれることを！

さあ、準備はいいですか？

それでは、さっそく本編に入りましょう。

第1章

内向型のままでも売れる「ステップ営業法」とは何か？

「内向型＝営業に不向き」は大きな誤り

いまでこそ**「私は内向型です！」**と人前で言えるようになった私ですが、それまでは自分の性格をできるだけ表に出さないようにしていました。

子どものころから**「もっと明るく！」「もっと元気に！」「もっと積極的に！」**と言われ続けてきたものですから、どうしても自分の性格は悪いものなんだと心に刷り込まれていたからです。

何をするにも自信がもてず、常に他人と比較しては、自分が劣っている部分ばかりを気にしていました。

「自分を変えたい！　それがダメなら生まれ変わって自分をリセットしたい！」

そんな気持ちを1人で抱えながら、悶々とした生活を送っていました。

そして、そこから解放されるきっかけをくれたのが、営業という仕事でした。

営業はもともと「明るく元気で積極的な人」の代名詞的な仕事だと思われてきました。

体育会系で宴会などでも盛り上げ役のタイプなら、ほぼ「おまえは営業向きだ」と言われます。

真逆のタイプなら、**「営業向きではない」**と言われますよね。

もちろん、私は後者でした。

ただ、内向型と営業という相反するイメージが、私も含めて多くの内向型の人を悩ませ続けてきたとも思っています。

- 自分でも向かないと思っているのに、営業部門に配属されてしまった
- とくにやりたいこともなかったので、とりあえず営業になった
- 資格も特技もないので、選択肢が営業しかなかった

たいていの場合、こんな感じで営業になってしまったことでしょう。

もちろん、なかには、

という前向きな人もいるかもしれませんが……。

理由はどうあれ、内向型が営業になると、いくつかの壁にぶつかります。

「声が暗いぞ！　もっと元気よく電話しろ！」
「そんな小さな声じゃ売れないぞ！」
「気合いが足りない！　もっと根性を見せろ！」

私自身、こんなセリフを何度言われたことか！

人間性そのものにダメ出しをされているようで、言われるたびに暗い気持ちになっていたものです。

本来の性格を変えることを強いられた経験は、内向型営業マンならよくある話でしょう。

ともすると、売上げを伸ばす努力よりも自分を変える努力のほうに意識が向いてしまい、よけいに売れなくなることもあります。

しかし、もうそんな苦労をする必要はありません。

序章に登場してきた人たちを見ればわかると思いますが、内向型だから売れないというのは間違っています。

性格も習慣も、変える必要は全くありません。

断言します。

むしろ、これからは内向型営業マンのほうが売れます。

そして、これはまぎれもない事実なのです。

内向型営業マンに追い風が吹き始めている

あなたも変化を感じていませんか？

会社にかかってくる営業の電話が減っていることを。

同じく飛び込みでやってくる営業マンの数が減っていることを。

その理由は、そうした作業はムダが多いことに会社が気づいてきたからです。

気合いと根性で電話をかけまくったり、門前払いされるのがわかっているのに飛び込みを繰り返したりしても、結局は成果につながらない。

そのうえ、営業マンも疲弊して辞めていく。

どんなにお客さまに明るくアプローチしても通用しない社会になりました。

つまり、もうムリに明るい営業マンのフリをしなくてもよくなったのです。


その変化のきっかけとなったのは「インターネット」です。

実際、いまや営業マンが行っていた作業の多くはネットがやってくれます。

「とっておきの情報をおもちしました！」

と営業マンが明るく声をかけても、お客さまの心は動きません。

欲しい情報があれば手元のスマホで検索すればいいので、わざわざ営業の話を聞く必要がなくなったからです。

むしろ情報提供を口実にして、隙あらば売り込もうとする営業マンは、不要な存在になりました。

ましてや、あやしげな手法で近づいてくる人には、警戒して会ってもくれません。


営業マンが笑顔で近づくほど、お客さまは逃げていくのです。


さらにお客さまの「営業嫌い」を加速させたのが、オレオレ詐欺や振り込め詐欺などの横行です。

ネットやテレビなどでも「あやしい人に気をつけて！」と注意喚起されているのですが、年々被害額は増えているのが実情です。

とくに知らない人からの電話や訪問、メールには警戒心が強くなりました。

おかげで真っ当な営業マンまでシャットアウトされるようになったのです。

このように営業を取り巻く環境が変わっているのにもかかわらず、これまでのように明るく元気な営業マンを演じていると、よりいっそうお客さまから避けられてしまいます。

これからの営業マンがやってはいけないこと――。

それは、以下のようなことです。

- ムリして笑顔と明るさを前面に出す
- 会う人すべてに売り込む
- お客さまにしゃべる隙を与えないで説明する
- 断られてもしつこく食い下がる

これらは、内向型営業マンがこれまで苦手としてきたことばかりです。

あとの章で詳しくお話ししますが、これらの行為を1つでもやってしまうと、たちまちお客さまは拒絶反応を示します。結果として、売れません。
その一方で、これからはこんな営業マンが求められています。

- 誠実でウソをつかない
- 知りたいことだけを的確にアドバイスしてくれる
- 静かに話を聞いてくれる

むしろ内向型が得意としていることこそが、これからの営業マンのスタイルなのです。

近い将来、営業に向いている人は「物静か」「落ち着いている」「真面目」と言われる日も来るでしょう。

そう、内向型営業マンには、確実に追い風が吹いているのです。

では、それをさらに具体的に見てみましょう。

内向型の5つの特性こそが営業という仕事に活きてくる

社会生活において、内向型の性格というのは、どうしてもマイナス面が気になりがちです。

自分の短所にばかり目が行ってしまい、本来もっている自分のよさまでを封印していることも多いでしょう。

しかし、冷静に見てみると、営業の場面で使える長所が5つあります。

ご自身の性格と見比べながらお読みください。

①真面目なので、安心して任せられる

内向型の人は、ふざけたり冗談を言ったりするのが苦手で、真面目すぎてつまらないと言われることがしばしばあります。

でも、営業において「明るい性格」というのは、それほど大事な要素ではありませ

ん。

社運を賭けたビッグプロジェクトをだれかに依頼するとします。

1人は明るくて陽気な営業マン。

彼が来るとオフィスがにぎやかになって、女性社員からも大人気。

ただし、彼はときどき忘れ物をしたり約束に遅れてきたりすることがあります。

もう1人は、仕事はきちんとこなしますが、真面目すぎてつまらないタイプ。

さて、あなたならどちらに仕事を任せますか？

きっと、大切な仕事ほど、真面目で安心できる人を選ぶことでしょう。

②口下手なぶんだけ、お客さまの話をよく聞く

しゃべりのうまい営業マンというのは、なまじしゃべれるぶんだけ損をしがちです。

というのも、お客さまが信頼を寄せるのは、自分の話を親身に聞いてくれる営業マンのほうだからです。

その点、口下手な内向型営業マンは、聞き役に回ることが多いでしょう。

自分で話すよりも聞くほうが圧倒的に得意。

その状態が、お客さまにとってもありがたいのです。

お客さまの話をよく聞くという特性は、営業マンにピッタリと言えるでしょう。

③気が弱いので、強引な売り込みをしない

あなたは、人から怒られるとどうなりますか？

私は委縮して、何も言えなくなってしまいます。

気が弱いので、言い返すこともできません。

「お客さまに対してムリを言ったり、強引に売り込んだりすると、気を悪くして怒られるかもしれない……」

そう考える気持ちがとても大切です。強引な売り込みは、お客さまを失う行為です。

気の弱さがなければ、「売れる営業」にはなれないのです。

④神経質なので、細やかな配慮ができる

以前の私は、豪快でガサツな人を見るたびに、「あんなふうに物怖じしない性格になれたらなあ」と思っていました。

しかし、いまは違います。

小さなことに気づいたおかげで、これまで何度救われてきたことか。

細部まで神経が行き届くのは、それだけミスが少なくなるということ。

お客さまからの信頼も得られます。

神経質という特性は、営業ではとても役に立つのです。

⑤お客さまの気持ちを重視するので、自分本位な行動はしない

とかく人に気をつかいすぎるのが内向型の特徴です。

お客さまの気を悪くさせることを心から恐れています。

お客さまの気持ちを確かめることなく勝手に説明を始めることなどできません。

その性質が営業向きです。

まず、お客さまの意向を確かめる。そのうえで必要に応じて最低限の説明をする。

営業の基本動作がすでに身についているということは、すでに一歩も二歩もリードしていると言えるのです。

以上、内向型の主な特徴と営業との親和性について、ざっくりとお話ししました。

かつての私自身も含めて、多くの内向型営業マンを見てきて言えるのは、せっかく先天的にもっているメリットを活かしきれていないということです。

むしろ、メリットをデメリットだと思い込み（指導されて）、どんどん売れない泥沼にはまっているケースがほとんどです。

売れるようになるためには、上手にしゃべる必要などありません。

ムリに明るく振る舞う必要もないし、度胸も根性も必要ないのです。


内向型の性格のままでいたほうが、「売れる営業」になれる——。

一番大切なことなので、しっかりと胸に刻んでおいてくださいね。


さて、次の項目では、いよいよ私を一気に「トップ営業」にしてくれた**「ステップ営業法」**について説明していくことにします。

ぜひ、じっくりと読み進めていってほしいと思います。

「ステップ営業法」は6つのステップでできている

一般に「営業は、売れている人を見て真似をして覚えるもの」と思われています。間違いではありませんが、じつはここには危険な要素も含まれています。

明るく元気で売れている営業マンを見本にすると、どうしてもしゃべり方や態度ばかりを真似しようとしがちになるからです。

同じような性格の人が真似るのなら、売れる可能性は高くなりますが、全く違う性格の人が、表面だけを見て真似しても、結果につながることはほぼありません。

なぜか?

「売れる営業」になるために「重要な部分」は、しゃべりや態度などの目に見えるもの以外のところにあるからです。

そこができていなければ、どんなに表面をとりつくろったとしても売れるようにはなれません。

しかし、残念ながらその「重要な部分」は、見えづらいところに隠れています。

売れている人も無意識で行っていることが多いので、よけいに見えにくくなっているのです。

その「重要な部分」に私が気づいたのは、リクルートで売れずに悩んでいるときでした。

序章でもお話ししましたが、当時のリーダーから衝撃的な営業を見せられた後、私は他の売れている営業マンに片っ端から声をかけました。

営業同行のお願いです。

もともと中途で入ったときにも、すべての営業マンと同行をしていました。

ただそのときは、「しゃべりがうまいなあ」とか「こうやって盛り上げるんだ！」などと、トークを主体に見ていただけでした。

一方、今度の同行では、トークではなく**「売れている人がやっている営業の流れ」**を意識して見るようにしました。

そのとき、少しずつ見えてきたのです。

「この人とあの人は、言っていることもやっていることも違うけど、目的は同じだな」

表現は人それぞれでしたが、やろうとしていることは同じでした。
では、それを内向型の自分ならどうするか？
それを実際に試し始めると、想像以上の効果が出るようになったのです。

● それまでは話も聞いてくれなかった人が身を乗り出して聞いてくれるようになった
● お客さまの拒絶反応が消えた
● お客さまから質問してくれるようになった

そしてどんどん売れるようになり、一気にトップになりました。
とはいえ、私がやったことは、「売れる営業」が無意識に行っている「重要な部分」を見つけて、内向型の自分でもできるようにアレンジしてみただけ。

では、その「重要な部分」とは何か？

それが、次ページに掲載した**「ステップ営業法」**です。

いかがでしょうか？

知っていることばかりで拍子抜けしましたか？

そう、営業マンなら、だれでもふだんからやっていることです。


ただし、その「やっている」がクセモノなのです。


単にやっているのか、それとも意識してやっているのかで大きな差が出ます。

たとえば、アイスブレイクがなぜ必要なのか、そしてどうすれば効果が出るのかを知りながらやっているかどうか。

あるいは、わかりやすく丁寧に説明するのが、最適なプレゼンテーションだと思っていませんか？


「ステップ営業法」では、各ステップに明確な目的があります。

「ステップ営業法」の全体像

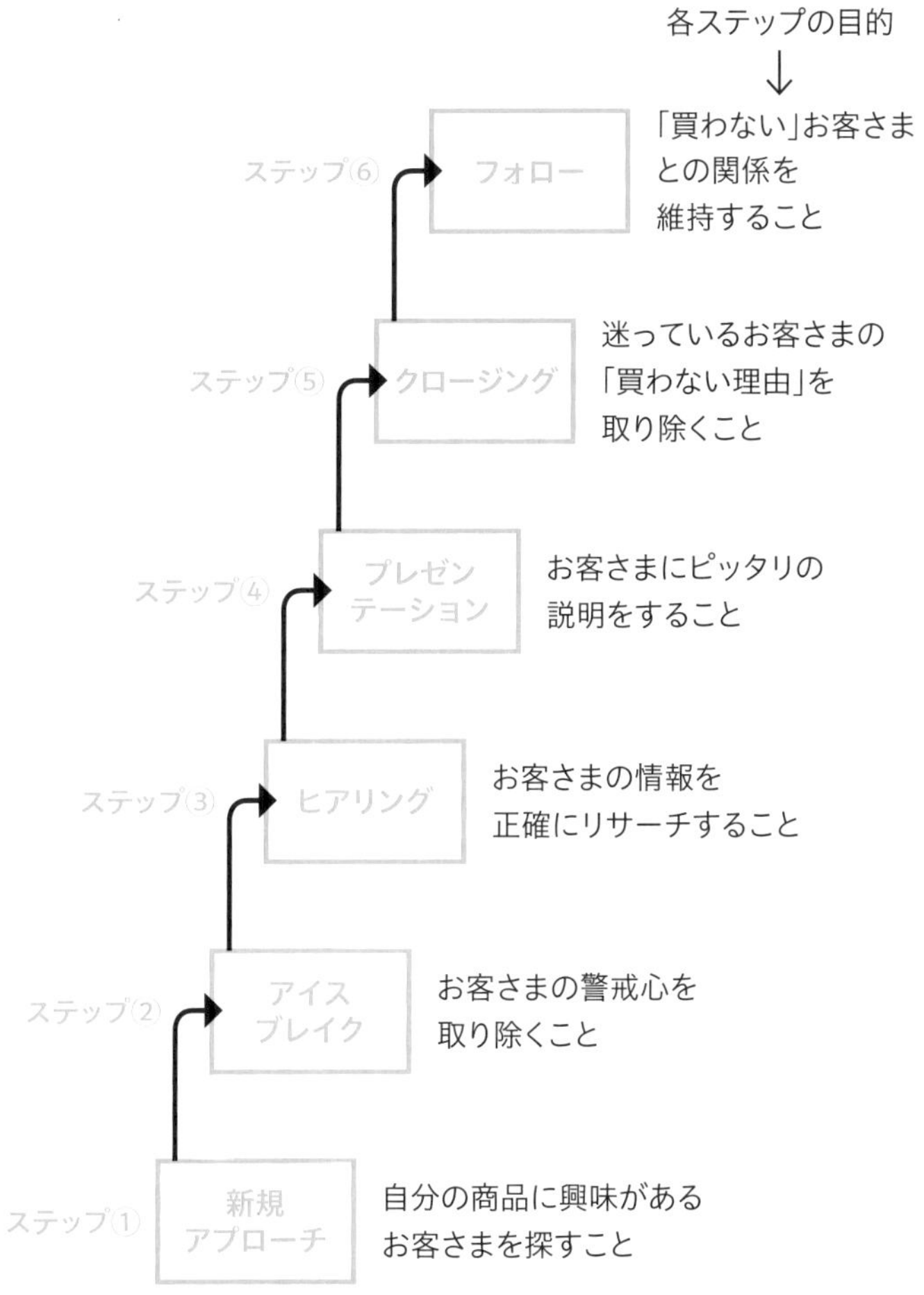
各ステップの目的
ステップ⑥
フォロー
「買わない」お客さまとの関係を維持すること
ステップ⑤
クロージング
迷っているお客さまの「買わない理由」を取り除くこと
ステップ④
プレゼンテーション
お客さまにピッタリの説明をすること
ステップ③
ヒアリング
お客さまの情報を正確にリサーチすること
ステップ②
アイスブレイク
お客さまの警戒心を取り除くこと
ステップ①
新規アプローチ
自分の商品に興味があるお客さまを探すこと

1段ずつ着実にクリアしていけばいいようになっているので、慎重な性格の内向型営業マンには最適な方法です。

私はこの「ステップ営業法」を実際にお客さまに試してみたときに、大きな衝撃を受けました。

「これまで苦労してきたやり方は、いったい何だったんだ！」と。

あまりにも気持ちよく売れたからです。

あのときの快感は、いまでも忘れられません。

それを、あなたにもぜひ味わっていただきたいのです。

それぞれのステップの関係はどうなっているのか？

それでは、それぞれのステップを詳しく見ていきましょう。

先ほどの図のなかで、全体的な営業のゴールはどこだと思いますか？

ゴール、すなわちお客さまに買ってもらうためには、どこを目標にすべきかというと、それは【プレゼンテーション】です。

「えっ？　クロージングじゃないの？」

という疑問の声が聞こえてきそうですね。

その意識の違いも、売れるか売れないかの分かれ目です。

売れている人は、お客さまにピッタリの説明をすることを心がけているのに対して、売れていない人は、お客さまに売り込むことを考えています。

その違いを、お客さまに買ってもらう場面から逆算しながら解説していきます。

④プレゼンテーション

まず、お客さまに「買う！」と言ってもらうためには、その商品（サービス）を「欲しい！」と思ってもらわなくてはなりません。

そのためには、お客さまの心に刺さる【④プレゼンテーション】が必要になります。

それは、単に上手に説明できればいいということではなく、いかにお客さまにピッタリの説明をできるかどうかがポイントです。

「そうそう、それを聞きたかったんだよ！」

と言ってもらえたら、説明もしやすくなりますよね。

聞く気がないお客さまに対して、説明し続けるという行為は、内向型にとっては苦痛以外の何ものでもありませんし、そもそもお客さまにとっても迷惑です。

したがって、まず興味をもって聞いてもらうためにはどうすればいいのかを考えました。

そこで、**「お客さま専用の説明をすることを目的にする」**と決めたのです。

そして、そのためには、お客さまのことを正確に知っておかなくてはなりません。

③ヒアリング

そこで必要になるのが、プレゼンテーションの前の**【③ヒアリング】**です。

お客さまのことを詳しく知るための場ですね。

ただし、どんな質問をしても素直に答えてくれるかというと、そんなことはありません。

あなたも経験があると思いますが、お客さまは簡単にウソをつきます。

これは別に悪意があるわけではなくて、正直に答えると売り込まれてしまうので、それを避けるための、いわば防衛本能としてウソの答えを言うのです。

なぜ、そうなってしまうのか?


理由は、営業マンを警戒しているからです。


「そう簡単にはだまされないぞ!」

そんなお客さまには、どんな質問をしても通用しません。

つまり、質問の前に、お客さまの警戒心を解いておく必要があるということなのです。

②アイスブレイク

警戒心を解く——。そのために行うのが**【②アイスブレイク】**です。

いわゆる仕事の話に入る前の**「雑談」**ですね。

内向型の人は、おおむね苦手な部分です。

あとで解説しますが、アイスブレイクは面白い話をして盛り上げる場ではありません。

目的は、**「お客さまの警戒心を取り除くことのみ」**です。

もちろん、ここも内向型ならではの雑談法があるのでご心配なく。

アイスブレイクを最初に行うことで、次のヒアリングにスムーズに移行し、その先のプレゼンテーションにも正確にたどりつけるというわけです。

したがって、②〜④の順番は不動です。

ここまではいいですよね。

⑤クロージング

そして**【⑤クロージング】**は、プレゼンテーションのあとで、**「必要に応じて」**行うステップです。

ここも、内向型営業マンが苦手としている部分ですね。

ただし、ここで言うクロージングとは、買わない人に対して強引に買わせることではありません。

お客さまを説き伏せる場だと思っている人が多いようですが、本来のクロージングは、**「迷っている人の『買わない理由』を取り除く」**作業です。

だから、むしろ押しの弱い人のほうがうまくできるのです。

以上、ここまでの4つのステップ（②〜⑤）が**「商談」**の部分です。

お客さまと営業マンが面談している時間ですね。

言い換えると、上司も見ていないので、だれもチェックできないところです。

裏を返せば、この商談のステップをいかに正確に行うかがとても重要だということ。

ただし、この4つのステップを行えば、すべてのお客さまが買うかというと、そんなことはありません。

当然、買わない人もいます。

でも、それでいいのです。

⑥フォロー

買わない人に対して行うのが【⑥フォロー】です。

ここで言う買わない人とは、**「その場ですぐに買わない人」**を指します。

期間を置けば「買う」に転じることもあるので、そのためにも関係性を継続しておきたい相手です。

商談のなかで、少しでも「その場で売ろう」という気配を見せると、その後の関係性は途絶えます。

「この営業マンは、すぐに売り込んでくるから会いたくない」

お客さまにこう思わせてしまったら、次に会いに行くのがキツイですよね。

営業は売るのが仕事ですが、それを表情に出すと売れなくなるという、とてもデリケートな部分があります。

そこをクリアできると、結果的には、最初は売れなかった人にも再度「買ってもらう」機会をつくることができるのです。

もちろん、買ってもらったお客さまをフォローすることで、リピートや紹介の機会も生まれます。

このフォロー数（見込み客）が増えるほど、先の売上げが読めるようになり、営業活動もラクになります。

何が何でもその場で売ろうとするのではなく、**「売れなかったらフォローにまわせばいい」**という気持ちの余裕が、その後の好循環を生み出します。

①新規アプローチ

以上のような循環をつくるためには、商談するお客さまが必要です。

そう、お客さまをゼロから増やす作業である**【①新規アプローチ】**ですね。

すぐに売れるお客さまだけでなく、そのうち売れそうなお客さまにも、会う約束をとりつけるもの。

じっくりと長くつき合えそうなお客さまを、新たに見つけるステップになります。

いわゆるテレアポや飛び込みもその一部です。

ここを苦手としている内向型営業マンは多いでしょう。

でも、ご安心ください。

冷たく断られることがないだけでなく、ストレスのかからない方法を次の章で解説していきます。

以上がステップの流れです。

これをわかりやすく整理すると、次ページの図のようになります。

とにかく目の前の人に売り込むという営業ではなく、一度商談した人と永続的なつき合いをしながら結果的に買ってもらうというのが基本の考え方です。

そのために最も重要なのは、お客さまとの信頼関係です。

この6つのステップは、お互いの信頼を深めていくための流れでもあるのです。

これからの営業は、「売る技術」よりも「信頼される技術」がより重要になってきます。

そして、内向型営業マンが目指すべきは、まさにこの営業スタイルなのです。

「ステップ営業法」の流れ

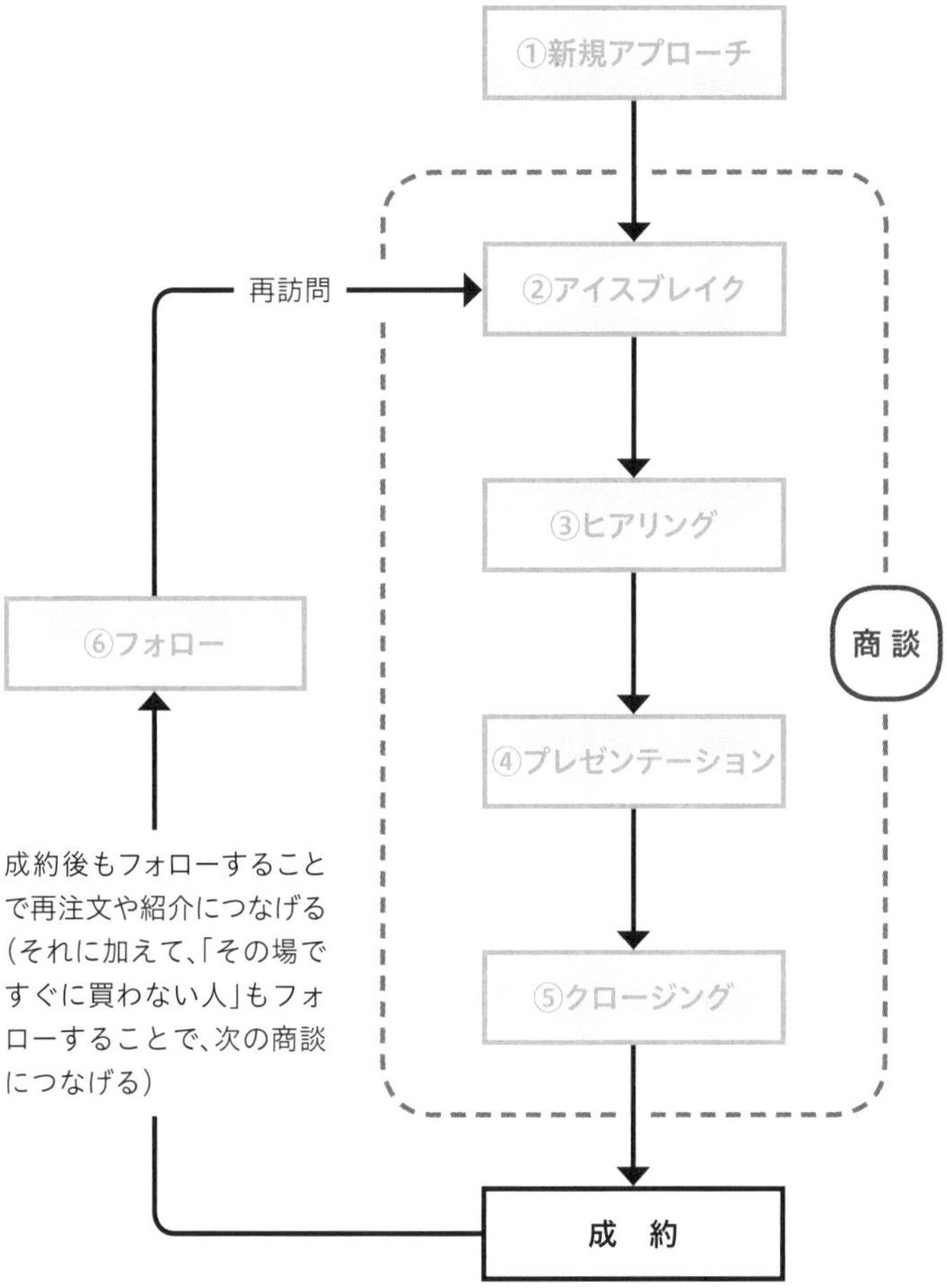
①新規アプローチ
②アイスブレイク
③ヒアリング
④プレゼンテーション
⑤クロージング
商談
成約
⑥フォロー
再訪問
成約後もフォローすることで再注文や紹介につなげる(それに加えて、「その場ですぐに買わない人」もフォローすることで、次の商談につなげる)

いまこそ「内向型に合った真の営業力」を身につけよう

さて、ここまでのところはいかがでしたでしょうか？
この章で説明したことは、この本の全体像になります。
まずはおおまかなイメージをもっていただければＯＫです。

ここで突然ですが、質問です。

あなたは、いまの状況に満足していますか？

なぜこんなことを聞くかというと、内向型営業マンは、並みの人以上につらい思いをしていることが多いからです。
それは、「売れない」ことだけでなく、「上司からの叱責」や「同僚とのつき合い」

「自分の性格について」など、とにかく悩みが尽きません。

もしかすると、あなたも現状から逃げ出したい気持ちになっているかもしれませんね。

でも、そうであるからこそ、ここであらためて胸に刻んでおいてほしいのです。


「ステップ営業法」を身につけていれば、自社の商品やサービスだけでなく、どんなものでも売れるようになる、ということを――。


これは、とても大きなことです。

たとえば、いま勤めている会社が突然つぶれてしまうことも現実にはあり得ます。

そんなときでも、「ステップ営業法」を身につけていれば、どこででも働くことが可能です。

私自身も、**「どんな商品でも売れる自信がある」**と感じたとき、ものすごく心が解放されました。

もちろん、転職を奨励しているわけではありませんが、**「内向型に合った真の営業力」**を身につければ、もう何も怖いものはありません。

イヤな上司を見返すこともできますし、縁を切ることもできます。

逆に売れるようになることで、上司の態度が一変することもよくあります。

さらには、成果に見合った給料を得ることも可能です。

せっかくこの本を手にとって、ここまで読んでいただいたあなたには、ぜひ、**「どこでも通用する営業マン」**になってほしいと思っています。

そして、それは案外簡単に実現できます。

それでは、次の章から詳しい内容に入っていきましょう。

第2章

もう冷たく断られない、ストレスがかからない！

——ステップ①新規アプローチ

これからの新規アプローチに気合いや根性はいらない

「もっと何度も訪問してこい！　売れるまで粘るんだ！」
「受話器を置くな！　断られたら、すぐに次の電話をしろ！」

【新規アプローチ（新規開拓）】という言葉を聞くと、私は昔の上司からのこんなセリフを思い出して、とてもイヤな気分になります。

営業のなかでも、とくに気合いと根性を強いられる部分なので、私は新規アプローチが大嫌いでした。

この本を手にとっているあなたも、おそらくテレアポや飛び込みは好きではないでしょう。

イヤがっているお客さまにしつこくするのは人間として苦痛ですよね。

「だけど、新規開拓をしないと営業に行くところがないから、しかたがないよ」

たしかにそのとおりです。

とくに営業を始めて間もない人や売れずに悩んでいる人は、新規のお客さまを増やさなければ、何も始まりません。営業に行く先がないのですから。

どんなに苦しくても頑張るしかない……。

今日もまた、勇気を出してインターフォンのボタンを押さなければ……。

内向型営業マンには、いきなり高いハードルがそびえたっている状況です。

でも、もう大丈夫です。

私がおすすめする「リサーチ型新規アプローチ」を実践すれば、新規のお客さまを簡単に見つけることができます。

たとえば、それまでは100件電話をしても1件程度しかアポイントをとれなかった営業マンが、たちまち5件に1件のアポがとれるようになりました。

飛び込み営業で毎回のように門前払いだった営業マンが、会えたお客さまとは毎回のように会話ができるようになりました。

あなたは、「そんなバカな!」と思うかもしれませんね。

でも、本当です。

もちろん、業種や環境によって多少の差はありますが、私が教えてきたほとんどすべての人に効果が出ているのです。

さらに、驚くほどストレスがかかりません。

ムダな勇気を振り絞る必要もないので、内向型営業マンには最適な方法です。

では、次の項目から、さっそくその内容を見ていきましょう。

ズバリ、新規アプローチの役割とは何か？

まず、そもそも新規アプローチ（新規開拓、新規営業とも言います）とはどんな作業なのかを、あらためて確認しておきます。

ここで、あらためて51ページの「ステップ営業法」の図をご覧ください。

新規アプローチの目的は、「自分の商品に興味があるお客さまを探すこと」です。

売れる可能性があるお客さまを、いかにして見つけるか。

会ってくれるなら、だれでもいいというわけではありません。

たまたまアポイントがとれたところで、実際に会ってみたら自分の商品とは全く無縁だったとしたら、双方で時間と労力のムダになります。

ところが、なかなかアポイントがとれずにいると、どうしても**「会ってくれるお客さまを探す」**という意識になりがちですよね。

私もリクルート時代に経験があります。

まわりの営業マンが次々にアポをとって出かけていくのに、自分は何度電話をしても断られ続けてあせっていたときのこと。

偶然にもアポイントがとれたので、喜んで客先に飛んでいきました。

かなり僻地にあったので電車とバスを乗り継いで、ようやく到着してみると、そこは風俗店だったのです。

当時、リクルートの求人誌では、風俗関係は掲載不可になっていました。

「だったら先に言ってくれよ！」

さんざん叱られてむなしく帰ったのを、いまでも覚えています。

最初に業務内容について電話で聞いていれば、そんなことにはならなかったはずです。

いい教訓になりました。

新規アプローチはあくまでも、お客さまになりそうな相手を探すことだけが目的です。それから先のことは、その後のステップにバトンタッチして進めていきます。


探すこと、つまり「リサーチ」です。

そう、リサーチに徹することができるかどうかで、天国と地獄ほどの差が出るのです。

ステップ① 新規アプローチの役割

目的▶自分の商品に興味があるお客さまを探すこと

ポイント
- 売り込みなどの「営業のニオイ」をいっさい消して行うこと
- お客さまを「探す」作業に徹すること

新規アプローチの流れ

新規の営業先を増やしたい	営業を始めて間もない場合や、営業に行く先がないときなどで、新規のお客さまを増やしたいときに行う
↓	
アポとり手段の検討	電話・FAX・メール・DM・飛び込み訪問　など 市場と自分に合った手段を検討する
↓	
新規アプローチ	自分の商品に興味があるお客さまを探す作業
↓	
アポイントを取得	訪問の了解を得る
↓	
訪問準備	訪問時に必要な資料や事前情報を準備する

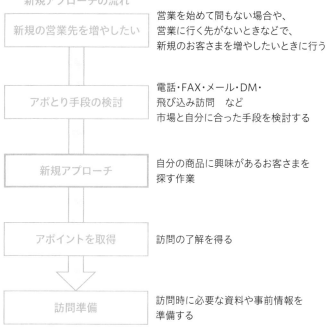

「セールス型」と「リサーチ型」の違いを知っておこう

さて、これから解説することは、この章の根幹の部分です。とても重要なことなので、じっくりと読み進めてください。

ここでは、新規アプローチの手段として**「電話」**を例にしています（手段としては、他に飛び込み営業、DM、FAX、メール、ホームページなどがありますが、基本の考え方は同じです）。

たとえば、あなたの会社に電話がかかってくるとします。

その電話は、大きく2つに分類することができます。

「知っている人」からの電話と「知らない人」からの電話です。

知っている人というのは、既存のお客さまや取引先など、お互いに知っていて、ふだんから電話でやりとりしている人たちです。

この場合は、いつもどおりに丁寧に対応すればOKです。

問題は、「知らない人」からの電話です。


これは基本的に「営業の電話」と「問い合わせの電話」の2つしかありません。


ここで、あなたに質問です。

知らない人から電話が来たら、どのように対応しますか?

まず、「営業の電話」がかかってきたら、たいていの場合は断りますよね。

しつこく粘られても面倒ですし、一方的な話を聞いているヒマもありません。

断るにしても不快にさせられることが多いので、ありがたくない電話です。

では、もう一方の「問い合わせの電話」がかかってきたらどうでしょう?

こちらは丁寧に対応しますよね。

もしかしたらお客さまになってくれるかもしれないので、当然冷たい対応などできません。

ありがたい電話と言えるでしょう。

このように、知らない人からかかってきた電話でも、相手によっては対応のし方が真逆になるということを、まずは知っておいてください。

ちなみに私は、前者を**「セールス型アプローチ」**、後者を**「リサーチ型アプローチ」**と呼んで分けています。

もし、あなたがふだんテレアポをしていて、断られることが多かったとしたら、おそらくセールス型アプローチをしていることでしょう。

「そんなの、営業なんだから当たり前でしょ」

そう思いますよね。

でも、お客さまにしてみると、営業の電話は断るのが半ば常識となっています。

つまり、セールス型を使っている営業マンは、断られるのを承知のうえでテレアポを続けていることになります。

本当にそれでいいのでしょうか？

ろくに成果も出ないうえに、断られ続けて心が折れますよね。

セールス型とリサーチ型の違い

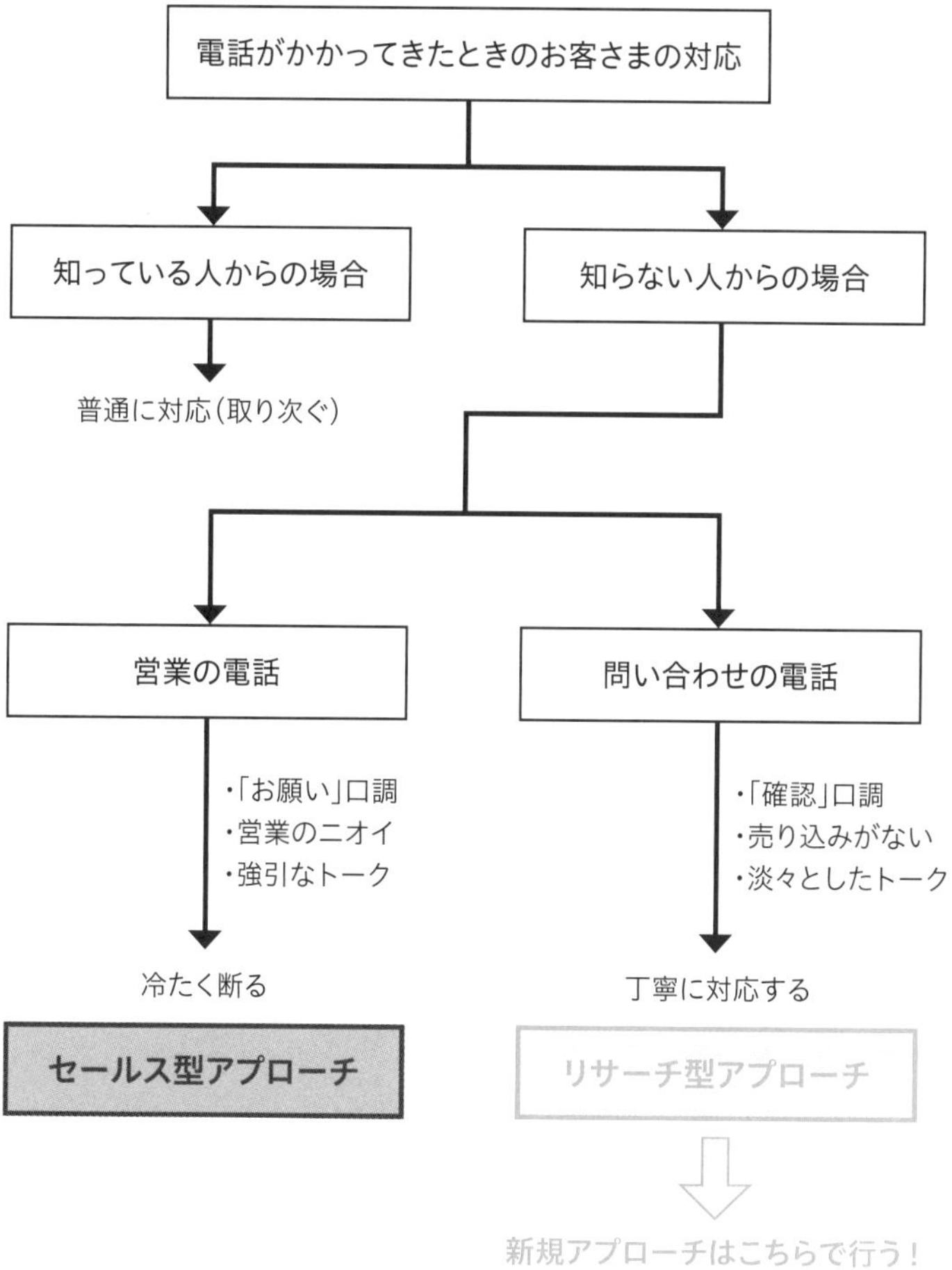
電話がかかってきたときのお客さまの対応
知っている人からの場合
知らない人からの場合
普通に対応(取り次ぐ)
営業の電話
問い合わせの電話
・「お願い」口調
・営業のニオイ
・強引なトーク
・「確認」口調
・売り込みがない
・淡々としたトーク
冷たく断る
丁寧に対応する
セールス型アプローチ
リサーチ型アプローチ
新規アプローチはこちらで行う!

テレアポは、新規アプローチというくらいですから、受け手にとっては「知らない人からの電話」になります。

そして、セールス型では確実に拒絶されます。

ということは、冷たくされずに受け入れてもらうためには、もう一方のリサーチ型アプローチでいくしかないのです。

「それって、問い合わせのフリをして電話しろってこと？」

いえいえ、そうではありません。

テレアポ（テレアポにかぎらず新規アプローチのすべて）というのは、もともと問い合わせなのです。

新規アプローチの目的は、**「自分の商品に興味があるお客さまを探すこと」**でしたよね。

探すこと、つまりリサーチです。

「こんな特徴の商品を扱っていまして、ご興味のある方を探しているところです。あなたにご興味があるのでしたら、ご説明に伺うこともできますが、どうですか?」

これがリサーチ型アプローチのスタンスです。

売り込むのではなく、問い合わせに徹することで、お客さまの反応が正反対になります。

その一方で、電話の口調に営業色が少しでも出ていると、受け手は「これは営業の電話だな」と敏感に察して、警戒します。

そうなると、もう普通の会話すらできません。

当然、アポイントのハードルもグンと上がってしまいます。

その意味でも、新規アプローチの電話というのは、リサーチ型アプローチで行うのがセオリーなのです。

さて、ここまではご納得いただけましたでしょうか?

次の項目で、これをもう少しわかりやすくご説明しましょう。

お客さまは「セールス型アプローチ」を瞬時に見抜くプロ

「冷たく断られないでアポがとれる方法があるなら、そっちのほうがいいな」

内向型営業マンなら、そう思いますよね。

では、セールス型とリサーチ型とでは具体的にどこが違うのか？

注目するところは、**「お客さまの心のなか」**です。

まずは、一般的なテレアポの例をご覧ください。

営業マン「はじめまして！　大変お世話になっています。東京商事の鈴木と申します」

お客さま「お世話になります」（知らない人だな。お客さま？　営業？）

営業マン「本日は、お得な通信サービスのご案内でお電話させていただきました」

お客さま「あ、はい……」（営業かも？）

営業マン「お忙しいところすみませんが、本日、社長さまはいらっしゃいますでしょうか？」

お客さま「どういった内容でしょうか？」（営業だ！　どうやって断ろうか？）

営業マン「電話料金が格安になる独自のサービスのご案内なんですが、ぜひ話を聞いていただきたくてご連絡しています」

お客さま「そうですか。社長はいま留守にしています」（こんな電話は社長にはつなげられないよ）

営業マン「そうですか。では、お電話担当の方はいらっしゃいますか？」

お客さま「その人もいません」（しつこいなあ）

営業マン「わかりました。またかけ直します」（ガチャン）

お客さま「……」（こんな電話はウンザリだ）

いかがですか？

このようなやりとりは、営業側としてもお客さま側としても経験があるのではないですか？

あらためて顧客心理に注目してみると、話が進むにつれて、どんどん冷めていくのがわかります。

お客さまは営業からの電話だとわかると、すぐに「断るモード」のスイッチが入ってしまいます。

そして、そのスイッチは一度入るともう戻りません。

これがセールス型アプローチの特徴です。

では、ここでまたまたあなたに質問です。

なぜ、このお客さまは、これが営業の電話だとわかったのでしょうか？

とくに営業とは名乗っていませんよね。

それにもかかわらず、瞬時に見抜いています。

じつは、この営業マンのセリフのなかには、営業の電話だと見抜かれるいくつかの要因、具体的には**「営業のニオイ」**を感じさせるものがあるのです。

「営業のニオイ」はこんなところに表れる

あらためて、先ほどの東京商事の鈴木さんのセリフを見てみましょう。

一見すると普通に感じられますが、このなかには営業特有の言い回しが多数入っています。そして、それこそが「営業のニオイ」です。

●「はじめまして！」

この時点で、知らない人からの電話になるので、受け手の頭のなかでは「営業」と「問い合わせ」の二択になります。

しかし、元気な口調から、「営業かな？」という印象を受けています。

●「お世話になっています」

普通は初対面で言うセリフではありません。

その点、営業マンなら当たり前のように使うあいさつ言葉なので、この時点で「営業だろう」と思っています。

●「お忙しいところすみません」

これも営業特有のセリフで、普通は初対面で使う言葉ではありません。

そもそも相手が忙しいかどうかなど、わかるはずがないのですからね。

●「社長さま、ご担当者さま」

たとえ初めての電話でも、社内の人に取り次いでほしいのなら、その人の名前を伝えるものです。「社長さま、ご担当者さま」という言い方は、あきらかに営業の電話だと言っているようなものです。

新規アプローチという、営業すべきではない場面（リサーチ）で、少しでも「営業のニオイ」を出すと、それだけでお客さまは違和感を覚え、**「これは営業の電話くさいぞ」**と警戒します。

そして一度警戒されてしまうと、お客さまの心のなかは**「断るモード」**に変わってしまい、結果としてアポはとれません。

お客さまは、電話の初期の段階で、すでに「断る」と決めているのです。

言葉の抑揚も要チェック

さて、先の項目では「営業のニオイ」を感じさせてしまうセリフについて見たわけですが、お客さまを警戒させてしまうものはセリフ以外にもあります。

ある会社の営業部署のメンバーで、新規のテレアポをすることになりました。

もちろん、私がひととおりレクチャーして、トークや手順を決めて練習もしたうえでのことです。

決められたセリフを「営業のニオイ」が出ないように静かに淡々と話すこと。

そうしてスタートしましたが、すぐにメンバー間で差が出始めました。
上手にアポがとれる人もいれば、話すらできずに電話を切られてしまう人もいます。
アポがとれるかどうかは、相手がいることなのでどうしようもありません。
でも、警戒心を与えるかどうかは自ら調整が可能です。
すぐに切られてしまう人は、まだ「営業のニオイ」が残っていたと判断できます。
全体を見ていた私にはその原因がわかりましたが、当人はわかっていないようでした。
ちなみに彼は、メンバーのなかでもベテランのほうで、営業経験も豊富でした。
そこで、私はこんな注文をしました。

「セリフに抑揚をつけずに棒読みで話してください」

彼は「えっ」と不服そうな顔をしました。

おそらく彼の営業人生のなかで、棒読みで話せと言われたことなどなかったのでしょう。

「とくに抑揚をつけているつもりはないんですけど」と彼。

「営業のクセはなかなか抜けきれないものです。最後の語尾が『～と申します(↗)』という感じに少し上がっていましたよ」と私は具体的に指摘しました。

そして、とくに語尾を意識しながら電話をしてもらいました。

すると、これまでとは違って相手との会話が続くようになったのです。

電話を終えた彼は、うれしそうな顔でこう言いました。

「相手が普通に接してくれて自然に会話ができました。テレアポでこんな対応をされたのは初めてです」

「営業のニオイ」を排除することの意味を、彼は初めて実感したのです。

この話をセミナーなどですると、多くの営業マンは「本当に?」という表情になります。

私は直接面談だけでなく、オンラインでの遠隔指導も行っていますが、必ず電話の口調をチェックするようにしています。

そして、口調を修正したうえで新規アプローチをしてもらうと、お客さまの対応の劇的な変化にだれもが驚きます。

セリフの語尾が上がるなどの抑揚の変化も、「営業のニオイ」を感じさせる要因の1つです。

これは、媚びたりお願いしたりするときの、営業独特のニュアンスを感じるからだと私は考えています。

いずれにしても、お客さまが断る理由はシンプルです。

その背景には、わけのわからない営業マンからしつこく売り込まれたくないという思いがあります。

ふだん自分が口にしているセリフや、抑揚をはじめとした口調――。

思い当たるところがあったら、いますぐ修正してください。

きっと、お客さまの反応が大きく変わることでしょう。

「リサーチ型アプローチ」はこの一言から始めよう

ここまでセールス型アプローチではダメな理由を述べてきました。

そのうえで、これからあなたがやるべきことをお話しします。

まずは、**「リサーチ型アプローチ」**に完全に切り替えることです。

「自分は売り込みなどしませんよ。問い合わせをしているだけですよ。だから警戒しないでくださいね」

そんな気持ちを、一言で伝えられる便利なセリフがあります。


それは、「ちょっとお伺いしますが」というものです。


とりたてて特徴のある言葉でもなく、ごく普通のセリフです。

しかし、これを使うだけで、お客さまの態度がガラリと変わります。

先ほどの、東京商事の鈴木さんに、このセリフを使ったアプローチをやってもらいましょう。

営業マン「私、東京商事の鈴木と申します。ちょっとお伺いしますが、いま固定電話を10台以上お使いの会社にご連絡をしているのですが、御社はいかがでしょうか？」

お客さま「うちは10台以上ありますよ」（なんだろう。何かの調査かな？）

営業マン「そうですか、私どもでは10台以上で電話料金が安くなるサービスを扱っているのですが、もしご興味がありましたら割引金額を試算できますが、いかがでしょうか？」

お客さま「ふーん、どのくらい安くなるの？」（うるさい売り込みでもなさそうだし、とりあえず聞いてみようかな）

営業マン「電話の使用頻度にもよりますが、だいたい○%くらい安くなります。ただほとんど変わらない場合もあるので、ご興味がある方のみ試算させていただいて、そのうえでご判断いただいています。いかがですか？」

お客さま 「それは時間がかかるの?」(試しにやってみても損はなさそうだ)

営業マン 「お伺いしてから10分程度です」

お客さま 「なるほど、それなら総務の担当の者に取り次ぐから直接話をしてみてよ」(強引な売り込みでもなさそうだし、取り次いでも大丈夫だろう)

営業マン 「よろしくお願いします」

あとは、担当者と同じようなやりとりをしてアポイントにつなげていきます。

以前の鈴木さんの新規アプローチの電話と比較すると、こちらのほうが圧倒的に話しやすいと思いませんか?

そして、普通に会話になっています。

これは、別にお客さまの心が広いわけではありません。

こちらの話し方次第で、お客さまとも普通に会話ができるようになるのです。

そして、その理由こそが、話の進め方を「リサーチ型」にした点にあるのです。

営業マンは「お願い」してはいけない

営業マンはお客さまに対して、こんなトークをすることがよくあります。

「お願いします。会ってください」

「お願いします。話を聞いてください」

「お願いします。買ってください」

私が営業マン時代はそれが当たり前だと思っていましたが、よくよく考えてみると、ずいぶん身勝手なことを言っていたなあと思います。

そもそも営業で「お願い」するときというのは、たいてい**「自分のため」**です。

自分の売上げを伸ばすためにお客さまに「買ってください」とお願いしている。

来るたびにお願いばかりしてくる営業マンを、お客さまが歓迎するわけがありません。

そこで、あらためて先ほどのリサーチ型アプローチの会話例を見てみましょう。

営業マンが、一度もお願いをしていないことがわかります。
そのかわりにやっているのが「確認」です。

「この商品にご興味がありますか?」
「試算してみますか?　いかがですか?」

営業において「確認」するときというのは、お客さまの意思を尊重しています。
だから自然な会話ができるのです。

新規アプローチをするときに、これまでお願いをしていたのなら、それを「確認」に置き換えてトークを組み立ててみてください。

お客さまが答えやすいのはもちろんですが、営業マン自身も聞きやすくなること請け合いです。

「リサーチ型アプローチ」は内向型にこそ向いている

すでにお話ししているように、営業マンはしゃべりがうまいほうが売れると思われがちですが、そんなことはいっさいありません。

むしろ、下手なほうが有利に働くことも多々あります。

まずは、次をご覧ください。

「お忙しいところ申し訳ありません。私この地区で○○の販売を担当しております××会社の△△と申します。ただいま、こちらの商品のPRでまわらせていただいているのですが、少々お時間よろしいでしょうか。この商品は○○の際にとても便利に使えるものなので、一家に1つおすすめしています。お話を聞いていただけましたら、この商品のよさをご理解いただけると思いますので、5分だけでもかまいませんので、よろしくお願いしたいと思います。お手間はとらせませんので、ぜひよろしくお願いします！」

よくありがちな飛び込み営業のシーンです。お客さまにしゃべらせる間も与えずに一気にしゃべりまくる話術は練習の成果でしょう。

しかし、お客さまの反応は冷ややかなもの。あきらかに警戒しています。

上手なしゃべりの人が来たからといって、「ああ、立派だなあ」とはなりません。むしろ、「ちょっとだけ気になる商品だけど、うまいことを言ってだますつもりかもしれないから、断っておこう」と警戒して心を閉ざす反応をするものです。

つまり、営業マンの言動がお客さまを警戒させていると言えるでしょう。

では、こちらの例はいかがでしょうか?

「あのー、すみません。私、こういうものを扱っている者なんですけれども（パンフレットを見せながら）、……（しばらく無言）……、**〇〇の際に便利に使えるのですが、ご興味がなければ帰ります。えーっと、いかがでしょうか?」**

営業のシロウトかと思わせるような、たどたどしい話し方。

話すスピードも遅くて、ときどき沈黙になることさえあります。

でも、この営業マンに対するお客さまの反応は、「下手なしゃべりでダメ営業マンだな」とはなりません。

反対に、**「なんか真面目そうだな。人をだますタイプにも見えないし、ちょっと気になる商品だから、話だけでも聞いてみるかな」**と警戒心が消えます。

重要なのは、しゃべりの上手下手ではありません。

お客さまを警戒させているかどうかが重要なのです。

少しでも警戒させてしまうと、どんなに優れた商品を見せても検討すらしてもらえません。

一方、警戒されない接し方をすれば、商品をきちんと検討してもらえるので、興味があるお客さまを正確にリサーチして見つけることができます。

これは、テレアポでも同じことが言えます。

「営業のニオイ」を出すことで、お客さまに警戒されてしまい、結局は冷たく断られてしまうというのが、多くの新規アプローチをやっている営業マンの実態です。

繰り返し言いますが、新規アプローチは営業ではなくてリサーチです。

「営業のニオイ」を出すほど、本来の目的のリサーチからは遠ざかってしまいます。

その意味でも、もともと「営業のニオイ」をさせていないというのは、内向型の大きな利点なのです。

メールで新規アプローチをする際のコツ

メールはいまやビジネスで筆頭のコミュニケーションツールです。

あなたも電話よりメールのほうが使用頻度が高いですよね。

とくに、「人と会うのは最低限にしたい」という私のような内向型には、メールは本当にありがたいものです。

従来の新規アプローチは、電話か直接訪問するのが定番でした。

しかし、どちらも相手の都合に関係なく、こちらのタイミングで行うものだったので、人に迷惑をかけるのを極力避けたい内向型営業マンにとっては、このことも苦手な原因になっていました。

ところがメールは、相手のタイミングで読んでもらえます。

押しつけ感がないという意味でも、内向型と相性がいいツールと言えます。

ちなみに私がおすすめしたいのが、ホームページの**「問い合わせフォーム」**を使う方法です。

基本的に企業などの問い合わせフォームは、何かの依頼や質問を受けるときのために使っているので、届いたメールのなかでも優先して開かれます。

何より、相手のメールアドレスがなくても送ることが可能です。

たとえば、「問い合わせフォーム」から、こんなメールが届いたらどうでしょう？

私、動画制作を専門に扱っている株式会社●●の○○と申します。

御社のホームページを拝見して、お役に立てそうだと思ったので、ご連絡させていただきました。

内向型向け営業研修など、私自身もとても興味がある内容ですね。

今回は弊社の動画制作サービスをご活用いただけないかと思い、失礼ながらお問い合わせフォームからご連絡させていただいています。

もし動画制作やネット配信などをご検討中でしたら、ご参考までに弊社が作成した動画をご覧ください。↓URL
御社の業務内容を拝見して、もっと広く多くの人に伝えたいと思いました。

とくに、性格的に悩んでいる営業マンを救える内容だと感じます。

ぜひご協力させてください。

よろしくお願いします。

追伸　ホームページに載っていた4コマ漫画も面白いですね。思わず全部読んでしまいました。

私だったら、間違いなく心が動くでしょう。

このメールのポイントは、**「あなたに直接メールを送っていますよ」**という意思表示がきちんとされているところです。

よくありがちな、コピー&ペーストでいろいろなところに送っているのが一目でわかるようなメッセージではありません。

飛び込み営業などにも言えることですが、不特定多数のところにランダムにアプローチしていることが相手に伝わると、それだけで不信感をもたれます。

「なんだ、いろいろなところに同じように行っているのか」

そう思われた時点で、ほぼアウトです。

反対に、**「きちんとウチを目がけて来たんだ」**と感じると、それだけで受け入れる気持ちに変わってきます。

もちろん、それなりに手間と時間はかかりますし、1通のメールを送るために相手のホームページをじっくりと読み込む必要もあります。

でも、そのぶん効果は絶大です。

実際に会いに行くときのように、じっくりと下調べをして相手の気持ちになってメールを送りましょう。

その気持ちは、しっかりと相手に届きます。

そもそも、知らない相手にいきなり電話をかけるのは、いくらリサーチとはいえ、やはり怖いものです。

それと比べれば、たとえ手間と時間がかかったとしてもメールを送るほうが、はるかにハードルが低いでしょう。

その際には、「このメールは一斉メールではありませんよ。あなたにだけ送っているんですよ」という合図を必ず入れること。

さらには、「ホームページに載っていた4コマ漫画も面白いですね～」のような一文が、とてつもなく効きます。

せっかくですから、この際に**「新規アプローチメールの達人」**を目指してみてください。

それでも新規アプローチにストレスを感じるときには？

何度もお話ししているように、知らない人に電話をしたり、会いに行ったりするというのは、どうしてもストレスがかかります。

内向型営業マンの場合は、とくにそうでしょう。

そんなときに、緊張を和らげる呪文があります。

「自分は営業に来たんじゃない。ガスの検針に来たんだ」

もちろん、これはたとえです。

私は以前、大学生のアルバイトを集めて営業部隊をつくったことがあります。

ある通信系の商品を、各家庭に飛び込み営業で売る仕事です。

ひととおりトークを覚えさせて、それをロールプレイングで練習しました。

しかし、いざ本番となると、やはりみんな尻込みするのです。

「どうしてもインターフォンが押せません……」

たしかに社会人でも飛び込み営業は勇気がいるのに、学生にそれをやらせるのは正直言って酷でした。

それでも仕事として請け負っている以上は、やってもらわなければなりません。

そこで、私が彼らに言ったセリフがこれです。

「君たちは営業じゃないから売らなくていい。単に確認だけしてくれればいいから。訪問するときはガスの検針員になったつもりで淡々と行きなさい」

最終的には契約をとるところまでシナリオをつくっていましたが、最初から売ることを意識すると、緊張してうまくいかないのはわかっていました。

そこで、彼らの気持ちを和らげるために伝えたのです。

もちろん、売らなくていいとは言いましたが、確認作業を順番に進めていくと、自然に注文にたどりつくトークシナリオにはなっていました。

するとどうでしょう？

彼らは、なんと営業初日にいきなり注文をとってきたのです。

これには私も驚きました。

ガスの検針員は、ガスメーターを確認するのが仕事です。

とくに販売ノルマがあるわけではないので、各家庭を訪問するときも、緊張することなくインターフォンを押すことができます。

新規アプローチも同じで、**「自分は確認作業に来たんだ」**と自分に言い聞かせると緊張がほぐれます。

ぜひ試してみてください。


さて、次の章からいよいよ**「商談のステップ」**に入っていきます。

まずは、**「アイスブレイク」**です。

とくに内向型営業マンの苦手意識が強いステップなので、心して読み進めていってほしいと思います。

第3章

お客さまの警戒心が自然と消えていく!

——ステップ② アイスブレイク

緊張の面談。場の空気をどう和ませるか？

前の章のステップ①［新規アプローチ］は、お客さま候補を探す作業でした。

この段階では、**「売り込む」意識を消して「リサーチ」に徹する**ことで、最初から拒絶されることなく相手と話ができるようになります。

そのうえで商品・サービスに興味があるお客さまを見つけて、会う約束をするところまでが新規アプローチの役割でしたね。

この章からは、実際にお客さまと会って話をする、いわゆる**「商談」**に入ります。


対象は、会うお客さますべてです。

初対面の人はもちろんですが、ルートセールスの場合や過去の既存客を訪問する場合も同様です。

ただ、普通の営業マンなら、気軽に会いに行けるのかもしれませんが、**「お客さまと会うときは、いつも緊張してしまう」**という内向型営業マンの場合は、どうしても平常心ではいられないものです。

たとえ何度も会っている人だったとしても、いざ顔を合わせると、しどろもどろになってしまったりするわけです。

営業を始めたころの私は、こんな感じでした。

私 「こんにちは。あのー、今日は何かありますか?」

お客さま 「とくにないよ」

私 「そうですか。…………」(いつも話が続かない)

お客さま 「…………」(何だかいつも話しづらいなあ)

数秒の沈黙のあと。

私 「ではまた来ますので、よろしくお願いします」

こんなことの繰り返しでした。

既存のお客さまとでさえまともに話ができないのに、初対面の人と最初からスムーズに話をすることなど、できるわけがありません。

おそらく、お客さまの目にも頼りない営業マンに映っていたことでしょう。

しかし、そんな私も、「あること」をできるようになっただけで、人と会うときに緊張しなくなりました。

初対面のお客さまとでも和やかに話ができて、その後の仕事の話にもスムーズに移れるようになったのです。

営業成績が上がったのはもちろんのこと、ふだんの人づき合いでも困ることがなくなりました。

では、その「あること」とは何か？

答えは、［アイスブレイク］です。

ウソかと思うかもしれませんが、これからお話しするアイスブレイクのやり方を身につけただけで、お客さまと和やかに話せるようになったのです。

いまではアイスブレイク専門のセミナーを定期的に行ったり、アイスブレイクの本を数冊出版したりするなど、私の得意分野でもあります。

これまで何人もの内向型営業マンが、翌日からすぐに使えるようになった内容をこれから公開しますので、ぜひあなたにも参考にしていただきたいと思います。

ズバリ、アイスブレイクの役割とは何か?

アイスブレイクというのは、英語を直訳すると**「氷を砕く」**となります。

これは凍りついている相手の気持ちを和らげるという意味で使われます。

営業の現場では、**「場を温める」**とか**「空気を和ませる」**などの言い方や、単に**「雑談」**とも呼びます。

私も、よく上司から言われました。

「もっと場を温めるために雑談をしなさい」と。

ちなみに「ステップ営業法」におけるアイスブレイクの目的は、**「お客さまの警戒心を取り除くこと」**です。

第1章でもお伝えしたように、お客さまにピッタリの商品説明をするためには、お客さまの本音を聞き出すヒアリングが必要です。

ただし、警戒している人は何を聞いてもまともに答えてくれません。

つまり、お客さまの警戒心を解く、すなわちアイスブレイクがきちんとできていないままでは、まともな商談にならないということです。

説明がうまくても売れない人は、ここが抜けているケースがほとんどです。

かつての私も含めて内向型の人は、**「雑談は苦手だから適当に終わらせて、さっさとヒアリングに入ろう」**などと考えがち。

でも、これこそがそもそもの売れない原因です。

ぜひ、あなたには営業全体のなかでのアイスブレイクの位置づけをきちんと理解しておいていただきたいと思います。

ステップ② アイスブレイクの役割

目的▶**お客さまの警戒心を取り除くこと**

ポイント
- 盛り上げよう、笑わせよう、などと考えてはいけない
- お客さまに「しゃべってもらう」ことに集中する

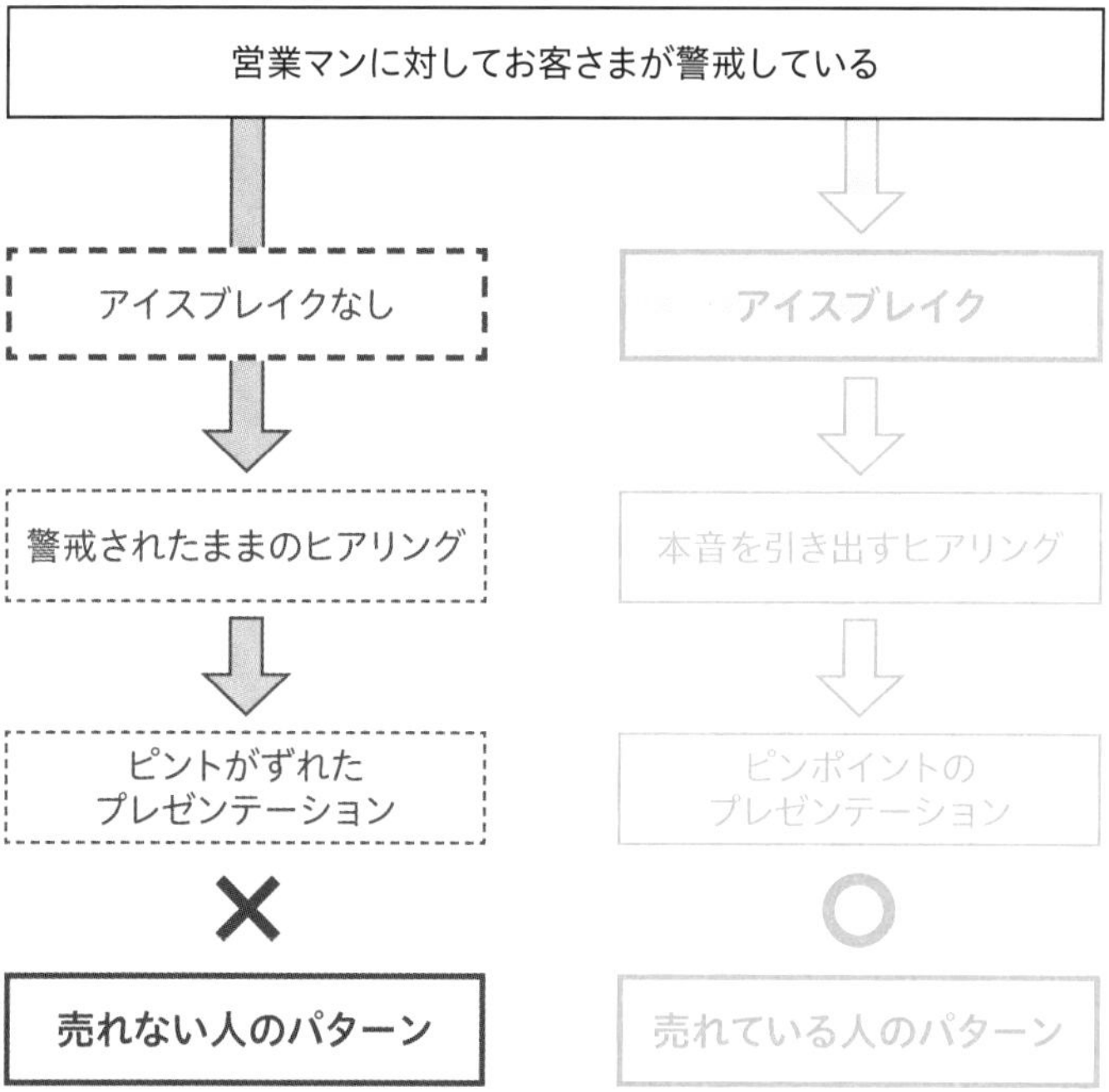

この「勘違い」があなたの足を引っ張っていた！

いきなり「勘違い」などと決めつけてすみません。

しかし、かつての自分自身も含めて、私がこれまで見てきたたくさんの内向型営業マンのほとんどすべてが勘違いをしていました。

それは、「アイスブレイク、すなわち雑談とは面白い話をして場を盛り上げることである」というもの。

あなたも、そう思っていませんでしたか？

私は、ずっとそう思い込んでいました。

そして、そのために痛い思いを何度もしてきました。

私が高校生時代、文化祭の準備のためにクラスメイトたちと打ち合わせをすることになったときの話を聞いてください。

場所は、駅の裏の喫茶店です。

何ごとにも慎重な私は、約束の時刻より30分以上早めに到着していました。

すると、女子が1人先に着いていたのです。

テーブルに2人きりという、普通の男子高生ならうれしい場面かもしれませんが、私にとっては、むしろ苦痛な時間でした。


「何か気のきいたことをしゃべらなくちゃ。何か話題はないか？」


私は平静を装いながらも、頭をフル回転させていました。

しかし、全く思いつきません。

そうしているうちに沈黙の時間はどんどん過ぎていきます。

結局、ほとんど会話もないまま別のクラスメイトがやってきてホッとしたのをいまでも覚えています。

もしかしたら、あなたにも似たような経験があるのではないですか？

とくに私は雑談が極度に苦手で、その原因は自分のしゃべりが下手だからだと思っていました。

それを克服するために、会話上達法などの本を読んだり、面白ネタを覚えたり、知識を蓄えるために雑学本を買い込んだりもしていたものです。

しかし、その効果はいつまでたっても現れませんでした。

「いくら努力したところで、内向型の自分は、雑談がうまくなることなどできるわけがない」

そう嘆いていた私ですが、いまでは何のストレスもなく初対面の人とでも雑談ができるようになりました。そうなるまでに血のにじむような努力をしたのかというと、全くそんなことはありません。

あるコツを知っただけです。

本当の雑談は、しゃべりのうまさなど関係ありません。口下手でも簡単にできます。話を面白くするための表現力などもいっさい不要なのです。

そのコツとは、「相手にしゃべってもらうこと」。

ただ、それだけです。

アイスブレイク上達のカギは、じつにシンプル

だれかと2人きりになって、気まずい空気になることってありますよね。

そんなとき、あなたはどんなことを考えていますか?

「何か話をしなければ」という思考になっていませんでしたか?

じつはこれ、内向型あるあるなんです。

とくにしゃべりに自信がない人ほど(私のことですが)、「自分から何かをしゃべらなくてはならない」と思いがちです。

そこで、視点を変えてみることをおすすめします。


自分ではなく、相手にしゃべってもらうという逆の発想です。

そもそも会話というのは、どちらかがしゃべっていれば成立しますよね。

つまり、相手がたくさんしゃべっていてもOKということです。

いや、それどころか、相手にたくさんしゃべってもらう会話こそが「売れる営業」の必須条件なのです。

営業の場面で考えてみます。

お客さまと雑談もせずに、すぐに仕事の話に入ろうとしても難しいということは先ほど述べたとおりです。

営業マンなら、だれしも実感していることでしょう。

そこで、「何とか雑談ができるようになりたい」という思考になるのもわかります。

でも、目的は「雑談ができること」でしょうか？

本当の目的は、「お客さまの警戒心を解いて、スムーズに仕事の話に進むこと」にありますよね。

ここがポイントです。

極論すると、いくら雑談がうまくても、お客さまの警戒心を解けなければ意味がないということです。


ここでちょっと切り替えて、立食パーティーの場面を想定してみます。

私はパーティーが苦手なので、つき合いで参加したときは、たいていの場合、隅のほうで眺めていることにしています。

会場を見渡すと、あちこちに人の輪ができています。

どんな会話をしているのかを近づいて聞いてみました。

1つの輪は、ある著名なYさんを中心にして5人くらいが集まっています。

さすがに人気者だなあと思っていましたが、よく見ていると、あることに気づきました。

「やあ、○○さん、お久しぶりです。いつ以来ですかね？」

「こんにちは、××さん。例の仕事はその後、順調ですか？」

「はじめまして、△△さん。いまはどんな仕事をされているんですか？」

このようにYさんがまわりの人それぞれに声をかけていました。

すると、声をかけられた人はうれしそうに話をし始めたのです。

Yさんはその話の内容に応じて、**「それで？」「本当に！」「すごいですね！」**などと言っているだけで、多くはまわりの人たちがしゃべっていました。


結局、Yさんはほとんどしゃべっていないのに、話がとても弾んでいたのです。


また、別の輪も覗いてみました。

そこには著名なHさんがいて、そのまわりに人が集まっています。

ただし、ちょっと雰囲気が違っていました。

Hさんが1人でしゃべっているのをまわりが聞いているという構図でした。

Hさんはとても話し上手で、次々に新しい話題が出てきます。

集まっている人も黙って聞いていました。

ところが、しばらくすると、1人抜け、2人抜けと、だんだん人が減っていき、最後はHさんが1人になってしまったのです。

話のうまさで見ると、Hさんのほうが上かもしれません。

でも、話し相手を気持ちよくさせているのは、あきらかにYさんのほうでした。

これを見て、私は「本当の雑談力とは何か」に気づかされたのです。

と同時に、私のような口下手ではHさんにはなれないけど、Yさんにはなれそうだなとも思いました。

ちなみにYさんは、超優秀な営業マンでもありました。

そう、「相手にしゃべってもらうこと」には、自分がしゃべらなくてもいいということだけでなく、もっと大きな効果である**「相手の警戒心を取り除くこと」**が期待できるのです。

それ以来、私は自分でしゃべろうとせずに、お客さまにしゃべってもらうことを意識するようになりました。

そして、それとともにアイスブレイクがうまくいくようになっていったのです。

知っていても意外と身についていない「会話の基本」

相手にしゃべってもらう――。

そのためには、どうすればいいのでしょう？

私はアイスブレイクの研修などで、こんなワークをよくやります。

まず、となりの人とペアになってAとBに分かれてもらいます。

そして、**「AさんがBさんをたくさんしゃべらせる雑談をしてください。時間は1分間です」**と指示します。

最初はみなさん戸惑いますが、すぐにコツをつかんで、できるようになります。


そのコツとは「質問する」ということです。

なあんだ、そんなことかと思ったかもしれませんね。

人に何かを質問すると、必ず答えてくれます。

これを心理学では**「返報性の法則」**と言います。

前項のパーティーでのYさんも、最初の話しかけは全部質問になっていました。

これは、会話の基本でもあります。

実際のところ、ふだんの何気ない会話も、意識して見てみると基本的には質問と答えで構成されているのがわかるはずです。


つまり、雑談するときの思考は、「何か面白い話題を話さなくちゃ」ではなく、「何かいい質問はないかな」にすればいいのです。


意識を自分ではなく相手に向けるということですね。

だから、私はセミナーなどで、よくこう言っています。

「いくら自分の脳を検索しても、話下手の人にはそもそも面白い話のデータが入っていません。考えてもムダなのです。それよりも相手の脳に入っているデータを使って会話することを意識しましょう」

もしかすると、ここであなたは次のように思ったかもしれませんね。

「だけど、質問しろと言われても、そんなの急に思いつかないよ」

もちろんです。いきなり会って、いきなり質問するなど、とくに緊張しがちの内向型にはできません。

では、どうすればいいのでしょうか？

あらかじめ質問を用意しておく――。

そうすれば、内向型の人でもスムーズに会話をすることができるようになるのです。

この3つの話題を用意すれば初対面でも怖くない

相手にしゃべってもらうには質問すればいい――。

ここまではいいですよね。
そこで次に考えるべきは、**「どんな質問をしたらいいのか」**ということです。
売れないころの私は、こんな失敗をよくしていました。

私　「昨日の巨人戦はすごかったですね。ご覧になりましたか?」
お客さま　「いや観てないよ」
私　「……そうですか」

また、別の場面では、

私　「私、釣りが趣味なんですけど、釣りとかされますか?」
お客さま　「いや、しないよ」
私　「……そうですか」

恥ずかしいですが、もう1つご紹介します。

私　「将来の目標を聞かせてください」
お客さま　「いきなりそんなこと聞かれても……。なんで答えなきゃいけないの?」
私　「……すみません」

とにかく何でもいいから質問すればいいと思って、思いつくままに聞いていましたが、結果は惨憺《さんたん》たるもの。

「どんな質問をすれば効果的なんだろうか？」

以来、私は質問について徹底的に研究しました。

私としては、少ない質問で、たくさん答えてくれるのが理想です。

そして試行錯誤をしながら、最終的にたどりついたのが、ここでご紹介する**「3つの話題」**です。

①お客さまのホームページからネタを探す

お客さまのホームページを見るというのは、おそらくあなたもやっていることでしょう。

これから訪問するお客さまの情報を調べて行くのは営業の常識ですからね。

ただし、お客さまのホームページのどこを見ていますか？

膨大なページがあったら、それをすべて読んでいますか？

なかなか全部は見きれないはずです。

私の場合は、まず全体にざっと目を通します。

そのときに意識するのは、**「先方と会ったときに話題になりそうなものはないか」**ということです。

つまり、ネタ探しですね。

たとえば、こんな感じで使っています。

「今日来る前に御社のホームページを拝見していて驚いたんですが、社員の平均年齢が28歳だそうですね？ 若いですねー」

「昨日、御社のホームページで沿革を見ていたんですが、創業が江戸時代になっていてびっくりしました。そんな昔からやっているんですね？」

そもそも質問というのは、お客さまが知らないことを聞いても答えようがありませんよね。

でも、自社のホームページに載っていることなら知っている可能性が高いので、必然的に答えてくれる確率も高くなるというわけです。

また、お客さまが個人の場合なら、たとえばフェイスブックなどのSNSで情報発信している人が増えています。

お客さまの個人名でネット検索してみると、意外な趣味や人脈まで見えてくる可能性が高いので、話題を探す際には有効です。

これなら、あなたも事前に準備ができますよね。

②お客さまの名刺をネタにする

私は初対面の人と会って名刺交換をする際に、必ずやることがあります。

それは、「お客さまの名前を読み上げる」ことです。

名刺をもらったら、それをじっくりと見て、

「川本太郎さん、ですね。よろしくお願いします」

という具合に確認する感じで、名前を読むようにしています。

そうしていると、たまに簡単には読めない名前の方に出会うことがあります。

たとえば、「竹之木進肇」。これを受け取ったときには、こうなります。

「!(しばし絶句)。えーっと、たけのきさんですか、下の名前はしん……何て読むん

ですか？」

読めない字が出てくると、自然につっかえてしまいますよね。

でも、その自然さがいいのです。

「たけのきしんと申します。名前ははじめてです」

「あ、たけのきしんまでが苗字なんですか。初めて見ました。珍しいですねー」

すると、珍しい氏名の持ち主の人は質問され慣れているので、スラスラと答えてくれます。

「私の地元に何件かあるようですが、他では見たことありませんね」

こうして名前の話題で、しばし雑談ができます。

これは準備ができないので即興でやるものですが、最初に氏名を読み上げるという決まりごとにしておくことで、ムリなくできます。

私は、名刺交換のときに、珍しい名前が出てくると、心のなかでガッツポーズをしています。

「これで最初の話題に困らないぞ」と。

とても効果があるので、ぜひやってみてください。

③最寄りの駅からの道でネタを探す

何かとものごとを悪いように考えてしまう――。

これも、内向型のクセかもしれません。

もしも、先方のホームページを見ても何もネタがなかったら……。

さらに、お客さまの名前がだれでも読める簡単なものだったら……。

そこでネタは尽きてしまいます。

そんなときのための、とっておきの方法があります。

それは、歩きながらネタを探すというもの。

私が新人営業マンだったときに、先輩がこんなことをやっていました。

お客さまの会社に一緒に行く道すがら、先輩はキョロキョロしながら、「おお、こんなところに懐かしい駄菓子屋があるじゃないか！」などと、通りの店を楽しそうに見ています。

私はこれから何を言おうかと緊張していたので、「先輩は余裕があるなあ」と思っていました。

すると、先輩はお客さまと会うなり、こう言ったのです。

「駅から来る途中で、昔ながらの駄菓子屋さんがありますね？」

当時の私は、何を言っているんだと思っていました。

「そうなんですよ。私も好きでたまに寄って帰ります」

「懐かしいですよねー。私も今日の帰りに寄っていきます」

「ぜひぜひ、たまにお土産に買っていくと喜ばれますよ！」

しかし、なぜか話が弾んで、いきなり和気あいあいとした空気になったのです。

当時は、さすが先輩の話術はすごいなあと感心していたものでした。

いまならわかります。

先輩は、お客さまもよく知っているであろう道で、ネタを探していたということが。

通勤路にある店なら、お客さまも知っている可能性が高いので、それを話題にすれば乗ってくるだろうという理屈です。

以上、これら3つの話題に共通しているのは、すべて**「お客さまサイドの話題」**だということ。

お客さまにとって身近なものを話題として投げかけることで、答えてくれやすくなるということです。

内向型でしゃべり下手の人というのは、臨機応変には言葉が出てこないもの。
でも、きちんと準備して臨むことで「沈黙」のピンチを回避できるわけです。
ただし、ここで1つ心配材料があります。
それは、選択肢がたくさんあったときに、どれを選ぶかということです。

いくつかの話題のなかからベストチョイスができるかどうか？

そんなときは、次項でお話しすることを参考にしてください。

迷わずにスパッと「話題の優先順位」を決める方法

営業マンにとって慎重に行動するのはいいことです。

ただし、慎重なあまりに、雑談のネタをあれもこれもとたくさん用意していくと、かえって混乱することになります。

営業マン　「あの……、えーっと……」（どの話題を選んだらいいか迷ってしまう）
お客さま　「……」（何だか自信がなさそうな営業マンだな）

このような事態になってしまうわけですね。

とくに、言葉を慎重に選ぶあまりに、なかなか言葉が出てこないのも内向型の特徴です。そして、最初でつまずいてしまうと、その後もずるずると引きずってしまい、商談が失敗してしまうのもよくあることです。

そこで、**「話題の優先順位の決め方」**をぜひ知っておいてください。

基準は、面白そうな話題でも自分が話しやすい話題でもありません。


単に「お客さまとの距離が近い順」で決めます。


その理由は、距離が近いほうが、お客さまも知っている可能性が高いからです。

知っている話題のほうがたくさんしゃべってくれて、結果として警戒心が解ける可能性が上がるというわけです。

例をあげてみましょう。

①駅から歩いてきたときに見つけた、行列のできているラーメン屋
②先方の社屋の玄関に咲いていた桜の花
③応接室の窓から見える風景

これらを距離の近い順で見ると、③、②、①になります。

そのときの思考は、こんな感じです。

「おっ、駅からの途中にこんなに行列のできているラーメン屋があるぞ。これは話題になりそうだな」

↓

「おや、先方の社屋の玄関には立派な桜があるんだな。しかも満開だ。こちらの話題のほうがいいぞ」

↓

「この応接室から見える風景はすばらしいな。よし、この話題にしよう」

このように優先順位をずらすことも可能です。

では、お客さまと名刺交換をしたときに、珍しい名前だとしたらどうでしょう?

そう、距離で見ると名前の話題はお客さまそのものなので、一番に格上げになります。

いかがでしょうか?

こうして優先順位の決め方を知っておくだけで、落ち着いて対応できそうな気がしませんか？

ちなみに私はふだん、営業を教えているときに、このアイスブレイクの話題をどのように選んだのかを細かく聞くようにしています。

先日、面白い事例があったのでご紹介しますね。

- 最寄り駅を降りたら、駅前でお祭りをやっていた（何の祭りかな？）
- 先方までの通り道がアーケードになっていた（雨の日は助かる）
- 先方の会社のビルの1階がコンビニだった（便利そう）

このように途中で話題を見つけてきたのですが、応接室のテーブルの上にトラのマスコット人形が置いてあったので、とっさにその話題に変えたとのこと。

「これってトラですか？」（マスコットを指さして）

「いえ、チーターなんです」
「あ、チーターでしたか。御社のマスコットですか?」
「そうです。何ごとも迅速にという意味です」
「なるほど! かわいいですね」
「かわいいんですけどね。チーターってわかりにくいみたいで」(笑)
「すみません、私も間違えました」(笑)
「いえいえ」

こんな感じで打ち解けることができて、その日の商談も成功しました。
「話題を事前に準備していたことで、落ち着いてまわりを観察できた」と言っていました。

一度このような成功体験をすると、自然と話題を探すクセがついてきます。
あなたもふだんから、話題になりそうなネタを探す練習をしてみてください。

「今日は売らない」は ムリせず売るための魔法の呪文

営業マンは売るのが仕事です。

ただし、売りたい気持ちが強すぎると、それが緊張にもつながってしまいます。

かくいう私自身、営業に行くときはいまでも緊張してしまうので、先方の入口の前で、ある言葉をつぶやくようにしています。

すると、不思議なくらいに緊張が解けて、リラックスしてお客さまと会うことができるのです。

その言葉とは、「今日は売らない」というものです。

「営業のくせに何を言っているんだ」と思いますよね。

そう、たしかに矛盾していますが、これはとくに緊張しがちな内向型営業マンにとっては魔法の言葉なんです。

何度もお話ししているように、アイスブレイクのステップの目的は**「お客さまの警戒心を取り除く」**ことですよね。

つまり、売る場面ではないということです。

売るべきお客さまかどうかは正確なヒアリングをしなければわからない。そのためにはアイスブレイクでお客さまの警戒心を取り除く必要がある――。

これがアイスブレイクの目的です。

あくまでもお客さまと平常心で会話ができる状態にするためのもの。

ここで妙な下心を出して「売りたい」気持ちが入ってしまうと、お客さまは即座に心を閉ざしてしまいます。

繰り返しますが、アイスブレイクは、まだ売る場面ではありません。

そして、それを自分に言い聞かせるための言葉が「今日は売らない」なのです。

ちなみに私が教えている営業マンには、半強制的にこれをやってもらっています。

以前、5件中1件だけ「今日は売らない」スタイルで行ってもらったところ、なんとその1件から後日、注文が入りました。

売らないと決めていたので、本当に雑談だけして帰ってきたそうですが、そのときは不思議なくらい楽しく会話ができたそうです。

それに味をしめたのか、彼はすべてのお客さまに「今日は売らない」と決めて訪問するようになったとのこと。

その後、彼はトップ営業になりました。

ここで、**「売れない営業」**の悪いパターンを示しておくことにしましょう。

●売れない（ノルマ、上司からの叱責、プレッシャー）
←

- 売りたい気持ちが強い
↓
- ムリに売り込んでお客さまから嫌われる
↓
- ますます売れない

売り急ぐ気持ちがお客さまに伝わって、さらに売れなくなっている状態ですね。

売れないときは、ぜひ「売りたい」気持ちをリセットしてみてください。

試しに明日、「今日は売らない」と心に唱えて客先を訪問してみてはいかがでしょう？

きっと、お客さまの反応の変化を実感できると思いますよ。

メールの末尾の一文が"次"のチャンスを生み出す

商談から帰ったら、**「お礼のメール」**を出している人も多いでしょう。

私はお礼メールなどを送るときに、いつも**「その人とだけの話題」**を入れることを心がけています。

たとえば、こんな具合です。

「追伸：あのあと例のラーメン屋に行きました！　30分ほど並びましたが、おいしかったです。私好みのやみつきになる味です。また次回の御社への訪問が楽しみになりました！」

こんな一文が、メールの末尾に入っていたら、読み手もうれしい気持ちになるでしょう。

私はそんなコメントをメールに載せたくて、お客さまとの会話のなかで出たお店などにはすぐに入ってみるようにしています。

面白いもので、このようにフォローのことまでイメージしておくと、最初のアイスブレイク用のネタ探しの質も上がってきます。

- この駄菓子屋は懐かしい感じだな。話題にしてから帰りに寄ってみようかな
- この喫茶店はおしゃれだな。これも話題にしてみよう
- ここのショッピングモールは大きいな。おすすめの店を聞いてみよう

お店の話題にすると、帰りに寄ることもできますし、感想のコメントもしやすくなります。

次回訪問するときにも、まずその話題から入れます。

アイスブレイクの話題は、最初の段階でお客さまの警戒心を取り除くだけでなく、その後のやりとりでも使えることを知っておいてください。

この一言でスムーズにヒアリングに移れる！

営業のセミナーをやっていると、ときどきこんな質問が来ます。

「アイスブレイクは何分くらいやればいいんですか？」

ここまで読んできたあなたなら、わかりますよね。

時間の問題ではないんです。

すべては、お客さまの警戒心が解けたかどうかで決まります。

その際、私は以下の2つを基準にしています。

- お客さまから質問が来るようになった
- 笑顔を見せてくれるようになった

ついでに言うと、全くアイスブレイクがいらない場合もあります。

たとえば、お客さまが急いでいるとき。

時間がないのですぐに本題に入りたがっていたら、世間話などは不要です。

私は、お客さまが忙しそうにしていたら、

「時間、大丈夫ですか? 先にいくつか要点だけ確認させてください」

と伝えてから、すぐにヒアリングを始めるようにしています。

また、こんな質問もよくされます。


「アイスブレイクからヒアリングに移るタイミングはどこですか?」


これもお客さまの警戒心が解けているかどうかを見極めることになるので、タイミング的には、上記と同じになります。

ただ、これまでいい感じに会話が弾んでいるときに、急に仕事の話に変えるのは気がひけるかもしれません。

とくに相手に気をつかいすぎる内向型には、話題を変えるというのは、少々ハードルが高かったりもします。

そんなときは、この一言を使いましょう。

「……ということで、そろそろ本題に入りたいと思いますが、20分程度大丈夫でしょうか？」

タイミングとしては、雑談をしていて話が一段落したときや、ふっと会話が途切れたときが狙い目です。

お客さまとしても、いつまでも雑談をしていたいわけではありません。

話題を変えるのはお客さまも願っていることなので、自信をもって行いましょう。

以上、この章では内向型営業マンが最も苦手としているアイスブレイクについて解説してきました。

たかが雑談と軽く見られがちで、教えたり解説したりするものではないと思われてきた部分でもありますが、営業において、アイスブレイクは最も重要なところだと私は考えています。

何しろ、ここを無事にクリアできないと次に進めないからです。

逆に言えば、一度アイスブレイクのコツをつかんでしまうと、トントン拍子に売れるようになっていくということでもあります。

実際、私が教えた内向型営業マンからは、こんなメールが届いています。

「教わった方法で、お客さまとの会話が本当にラクになりました。昨日も、『君はなんか話しやすいね』と言われました。やはり楽しく会話ができたお客さまほど、結果として売れるみたいです。おかげさまで2カ月連続でトップになることができました」

「雑談なんて一生できないと思っていましたが、こんな自分でもできたことに驚いています。これまでは『自分で何かを話さなくちゃ』というのがプレッシャーでした。でも、自分で話さなくてもいいことを教わって、本当に目からウロコです」

私が「アドバイスをしてよかった」としみじみ思う瞬間でもあります。
必ず効果がありますので、ぜひあなたも実践してみてください。

さて、この次は**［ヒアリング］**です。
ここからビジネスモードに入っていきます。
とはいえ、売り込みモードは厳禁です。
「いまは売らない」という気持ちをもって、リラックスして臨んでください。

第4章

お客さまが自ら本音とニーズを語り出す！

——ステップ③ ヒアリング

ズバリ、ヒアリングの役割とは何か？

さて、前章のアイスブレイクでお客さまの警戒心を取り除くことができたら、次のステップ、すなわち**【ヒアリング】**に移ります。

基本的に商談の4つのステップ（アイスブレイク、ヒアリング、プレゼンテーション、クロージング）は、一度の訪問で全部行うこともあれば、日を分けて行うこともあります。

一番多いのは、初回でヒアリングまでを行い、次回にプレゼンテーションとクロージングまでを行うパターン。

これは、営業方針や扱う商品、サービスによっても違ってきます。

ご自身の状況と照らし合わせながら読み進めてください。

ところで、あなたも営業経験があるなら、当然ヒアリングはやっていますよね。

では、どうしてヒアリングをするのでしょうか？

営業を始めたころの私は、その理由も知らずに、ただ何となくやっていました。

そもそも、話すことよりも聞くことのほうがラクだったので、とくに疑問もなく、マニュアルどおりの質問を儀式のように行っていました。


「○○について検討したことがありますか?」

「もし○○を採用するとしたら、どれを基準に選びますか?」

「いまお使いの○○について、何か不具合はありますか?」


それに対するお客さまの反応は、いつも冷ややかなものでした。

でも私は、お客さまというのは営業マンに対して常に素っ気ないものだと思っていたので、「そんなものだ」とあきらめていました。

むしろ、自分は聞き上手だからヒアリングは得意だなどと思っていたものです。

いまならわかります。それが、とんだ勘違いだったということを。


じつは、ヒアリングには、きちんとした役割があったのです。

ここで、「ステップ営業法」におけるヒアリングの目的を明確にしておきます。

それは、お客さまに最適なプレゼンテーションをするための情報収集——。

そう、次のステップのプレゼンテーションでお客さまの意に沿った提案をすることで、お客さまに喜んでもらうのと同時に、売れる可能性を上げるためのものです。

ここで、以前、私がやっていたヒアリング（ヒアリングとは言えないものでした）のときの、お互いの心のなかを覗いてみます。

私の心のなか　**うまく買わせるように質問しよう**

お客さまの心のなか　**その手には乗らないぞ**

お互いに腹を探り合っている、つまりある意味でだまし合いをしているようなものでした。

お客さまのことよりも、自分のことばかりを考えていました。

ステップ③ヒアリングの役割

目的▶**お客さまの情報を正確にリサーチすること**

ポイント
- まだ売り込む場面ではないので、「営業のニオイ」をさせないこと
- 3つの質問「過去・現在・未来」を使って本音を引き出す

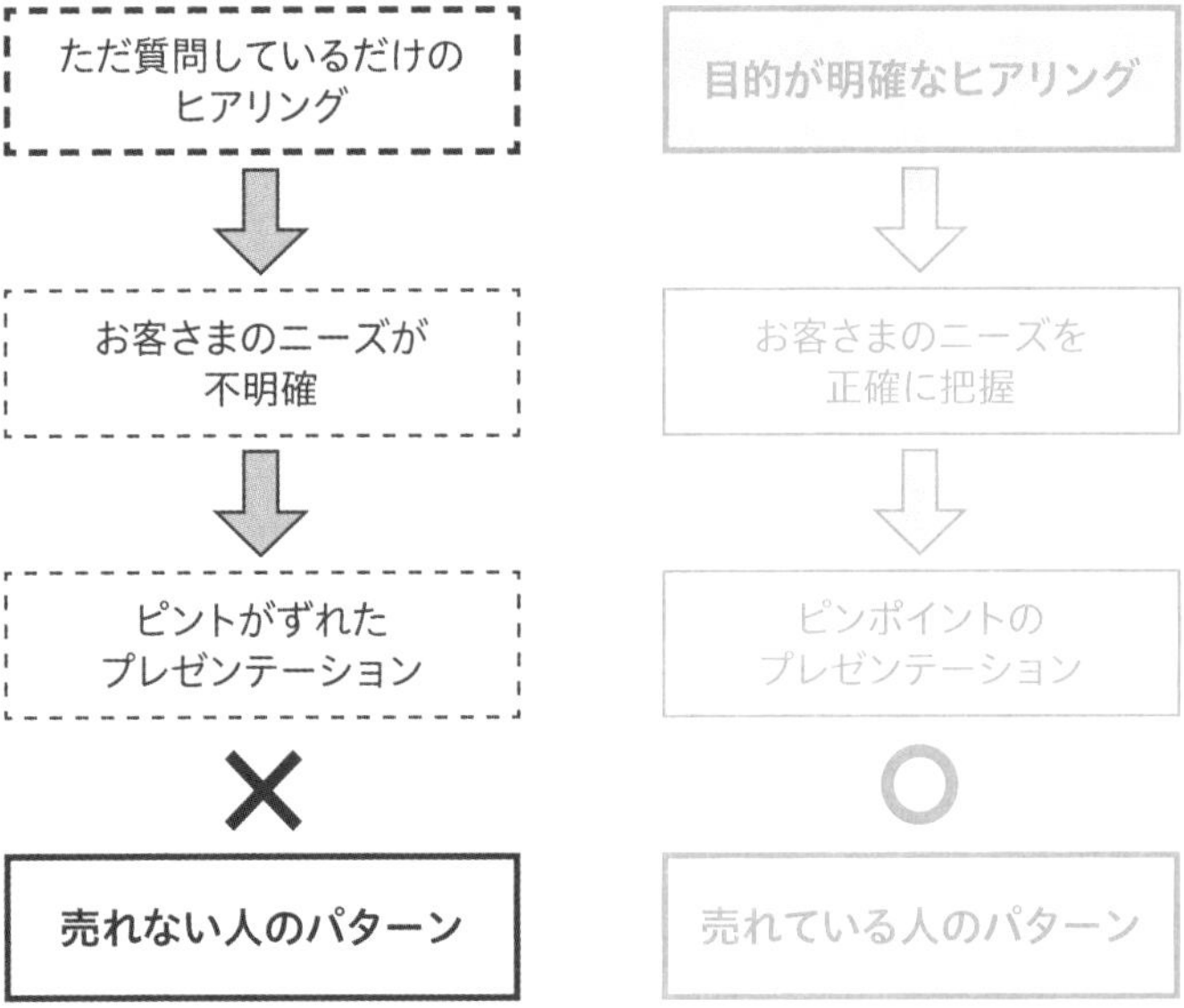

一方、「ステップ営業法」におけるヒアリングは、こんな感じになります。

私の心のなか
お客さまの本音がどんなものなのかをしっかりリサーチしよう。そのうえで、自社の商品が役立つとわかったら、おすすめしよう

お客さまの心のなか
こちらのために親身になってくれているな。この営業マンなら本音を言ってもよさそうだ

当然、こちらのほうが結果的に売上げにつながりやすくなりますし、何よりもお客さまとの信頼関係を築くことができます。

ヒアリングというのは、売り込む場面ではありません。

あくまでも**「情報収集(リサーチ)」**の段階です。
自分の商品を売るべき相手なのかどうかを確認する作業なのです。
リサーチの結果、「このお客さまにはニーズがある」ことがわかったときのみ、次

のステップ④**「プレゼンテーション」**に移ります。

もし、ヒアリングをした時点で、「このお客さまには、まだ必要ないな」と判断したら、プレゼンテーションもクロージングも必要ありません。

ただちに、ステップ⑥**「フォロー」**に移行します。

そうすることで、**「そのうちに買ってくれる可能性のあるお客さま」**との関係を良好な状態で維持できるのです。

ただし、条件があります。

お客さまが本音で話してくれないと、正確なヒアリングにはなりません。

正確にできないと、正しいステップに移れなくなります。

したがって、まずは本音で話してもらわなくてはなりません。

でも、お客さまはよくウソをつきます。

では、どうすればいいのでしょう?

なぜ、お客さまはウソをつくのか？

何とかして、お客さまの本音を知りたい――。
これは、営業マンならだれしも考えていることですよね。

そのためには、まずは顧客心理を理解しておく必要があります。

たとえば、あなたがジャケットを買いにデパートに行ったとしましょう。
「いいものがあれば買おうかな」というくらいの感覚です。
お店で物色していると、すぐに店員がかけ寄ってきて、
「いらっしゃいませ。ジャケットをご検討中ですか？」
と笑顔で話しかけてきました。
まともに相手をしてしまうと、売り込まれそうな雰囲気です。

そんなとき、あなたはこんなふうに答えたりしませんか?

「いえ、ちょっと見ていただけなんで」

本当は、もう少しゆっくり見られたら買う可能性があったかもしれません。
でも、店員の行動で買う気をなくしてしまいました。
きっと、あなたもこんな経験はありますよね。
では、なぜ店員を避けるような行動をとってしまったのでしょうか?

それは、過去の「苦い記憶」がそうさせているのです。

以前、店員の売る気満々の対応につい乗ってしまって、断り切れずに買ってしまった。
そのときの後悔の気持ち。
あるいは、強引な売り込みを何とか振り切って断るときのわずらわしさ。

「もう、そんな気持ちになりたくない」という心理から、無意識のうちに先手を打って売り込まれるのを避ける、つまり本音を言わないという行動をとってしまうのです。

これは、防衛本能と言えるでしょう。

そう、この本で何度も言っている**「営業のニオイ」**に、お客さまは敏感になっているのです。

ということは、「営業のニオイ」を出さなければいいと思いませんか？

じつは、そこに**「売れる秘訣」**が隠されているのです。

「営業のニオイ」を瞬時に消し去る、とっておきの一言

ここで、ヒアリングをする際に「営業のニオイ」を消す、とても便利な方法をご紹介することにしましょう。

それは、いたって簡単なものです。

「今日は、私どもの商品が御社の役に立つかどうかを確認するために来ました」

ヒアリングに入るときに、このセリフを言うだけ――。

お客さまが警戒しているのは、売り込まれることです。

つまり、ヒアリングの最初の段階で **「売り込みじゃないですよ。確認するだけですから安心してください」** と伝えてしまえばいいわけです。

自分では気をつけているつもりでも、言葉尻やちょっとした態度に、「営業のニオイ」は出てしまうもの。

何より、心の奥に「売りたい」という気持ちがあるのは当たり前のことです。

したがって、お客さまに直接伝えるのはもちろんですが、自分に言い聞かせるためにも、**「今日は確認に来た」** ということを伝えましょう。

実際、お客さまにしても、営業マンが扱う商品やサービスに自分のニーズがマッチしていることもあれば、そうではないこともあります。

ですから、まず自分の商品が役に立てそうかどうかを確認して、役に立てそうもなければ帰ればいいし（フォローにまわす）、役に立てるとわかったら、その先に進めばいいのです。

やってみるとわかりますが、「今日は確認に来た」という趣旨のセリフを言うと、お客さまのこちらを見る目があきらかに変わります。

そもそもこんなことを言う営業マンなどほとんどいませんから、その時点で、その他大勢の営業との違いが出ます。

さらに、自分自身も変わります。

「売らなくては」というプレッシャーから解放されることで、本来のヒアリングに集中できるようになるのです。

当然、その後の展開がうまくいく確率はグンとアップすることでしょう。

さあ、これで**「ヒアリングの準備（心の準備も含めて）」**ができました。

次の項目からは、ヒアリングの具体的な内容に入っていくことにしましょう。

「質問の順番」でお客さまの反応はこれだけ変わる

私がヒアリングの講座をやるときに、定番のワークがあります。

参加者から1人を選んで質問をします。

「明日のお昼ご飯は何を食べますか？」

すると、相手は少し困った表情になります。

明日のお昼ご飯などは決めていないことが多いので、答えづらいのです。

それでも、私が答えを待っているので、しかたなく絞り出します。

「まあ、コンビニにあるものですかね」

それを聞いた私は、

「ありがとうございます。では、いまのやりとりはいったん忘れてください。そして、もう一度質問します」

と断ってから、

「では、昨日のお昼ご飯は何でしたか？」

「昨日は、煮魚定食でした」

昨日のことなので、すぐに答えが返ってきます。

「では、今日のお昼ご飯は何でしたか？」

「今日はハンバーグ弁当でした」

これも即答できます。

「なるほど、昨日が煮魚で、今日がハンバーグですね。では、明日のお昼は何を食べますか？」

「うーん、ご飯ものが続いたので、麺類にしますかね」

「ありがとうございます」

こんなやりとりで終了します。

ここで何を伝えたかったかというと、**「質問の順番によって答えやすさが変わってくる」**ということです。

最初は、明日のお昼をいきなり聞きました。

答えにくいことを想定して聞いています。

答えも、何となくぼんやりしたものが返ってきます。
次に、昨日のお昼、今日のお昼を聞いて、最後に明日のお昼を聞きました。
すると、明日のお昼の答えが意思のはっきりとしたものに変わりました。

この「過去」「現在」「未来」の順で聞くのが、ヒアリングの基本形です。

この順序で質問をすると、相手が答えてくれる確率が一気に上がるのです。

会話をストップさせてしまう「未来の質問」

では、これを営業の場面で考えてみましょう。
営業でやりがちなヒアリングの場面。

営業マン　「今後、○○に関してどんな商品を使おうとお考えですか？」

お客さま　「とくに考えていません」

このとき、営業マンが聞きたいのは**「お客さまのニーズ」**です。

ニーズというのは、これから先のことなので**「未来の質問」**になります。

先ほどのお昼ご飯の例と同じで、いきなり「未来の質問」をされてもお客さまは答えにくいのです。

しかも、なまじ安易に答えてしまうと、売り込まれることもわかっているので、よけいに答えなくなります。

結果として、信ぴょう性に欠ける答えが出てきがちになります。

これが、ヒアリングでつまずく典型的なパターンです。

最初の段階では、お客さまに「未来の質問」はしないこと。

そのかわりに、**「過去の質問」**から始めましょう。

お互いにストレスがなくなる「過去の質問」

アイスブレイクでお客さまの警戒心が下がりました。

せっかくお客さまと穏やかに会話ができるようになったのなら、それを継続したいところです。

そこで、ぜひ意識して使ってほしいのが、**「過去の質問」**です。

「未来の質問」がお客さまのニーズを聞くものだとしたら、「過去の質問」は、お客さまの**「経験」**を聞くものです。

これから先の未知のことよりも、過去の経験のほうが答えやすいのは明白です。

何しろ、記憶をたどればいいだけなのですから。

たとえば、こんな感じです。

営業マン 「ところで、これってご存知ですか?」（カタログを見せながら）

お客さま　「ああ、知っているよ。○○に使うものだよね」

営業マン　「よくご存じですね！　お使いになったことはありますか？」

お客さま　「前にウチでも使ってたんだ」

営業マン　「そうなんですか。いつごろですか？」

お客さま　「5年くらい前かな」

営業マン　「5年前ですか。それはいまでも使っていますか？」

お客さま　「いや、もう使ってないんだ」

営業マン　「えっ？　どうしてですか？」

お客さま　「便利なんだけど、あとの掃除が大変でね」

営業マン　「なるほど」

このあたりでやめておきますが、その後もいい感じで会話が続きそうなのはわかりますよね。

商品について、お客さまとこれくらい会話ができるといいと思いませんか？

いずれにしても、これが「過去の質問」をおすすめする理由の1つです。

何かと会話に苦労しがちな内向型営業マンなら、お客さまとの会話が続くというのは大きな願いでしょう。

しかもです。

営業マン自身もそうですが、お客さまにもストレスがかかりません。

お客さまにムリをさせたくないというのも、内向型の望みですから、まさに一石二鳥です。

「過去の質問」から始めることをおすすめする、もう1つの大きな理由は、お客さまの警戒心が消えることです。

未来のことを聞くと、どうしても「売り込まれる」と思わせてしまいがちですが、過去を聞いてもそれは感じさせません。

ですから、警戒心なく**「本音で」**ウソのない答えを言ってくれます。

私は、いつもセミナーの最後にこう言います。

「明日、『過去の質問』をお客さまに試してみてください。自然な形で会話が続くことに、きっと驚くと思いますよ」

そして後日、実際に驚きの声がメールで多数届きます。

これを一度でも体感すると、ヒアリングについては「過去の質問」からスタートせずにはいられなくなってしまいます。

ぜひ、あなたもお客さまに試してみてください。

過去から未来にスムーズにつなぐ「現在の質問」

商品について「過去の質問」をすることで、会話の流れをつくることができました。

この流れを活かしながら「未来の質問」につなげることで、ニーズの有無を正確に確認できるようになります。

そのためのつなぎ役が**「現在の質問」**です。じつは、先ほどの「過去の質問」から始まる会話例のなかに、すでに出てきています。

営業マン　「5年前ですか。それはいまでも使っていますか?」

この個所です。

過去の話題から、現在につないでいるのがわかりますよね。

そして、その後、「使っていない」↓「なぜ?」↓「掃除が大変」と会話がつながっています。

ここでもし、営業マンが扱っている商品が、「掃除がしやすい」ものだったとしたらどうでしょう?

こんな会話になっていきそうです。

営業マン　「掃除が大変だったんですね。他に何か理由はありますか?」
お客さま　「いや、それだけだよ。機能的には、とても満足していたんだ」

営業マン　「なるほど。では、もし機能はそのままで掃除がしやすい商品があったら、どうでしょう？」

お客さま　「それなら興味あるね」

営業マン　「じつは、当社の商品は、掃除のしやすさが特徴なんですが、ご覧になりますか？」

最後は「未来の質問」に移っているのですが、じつに自然な流れで進んでいますよね。

「過去」から入って「現在」を経由することで、お客さまの頭のなかに**「商品との関係の歴史」**が流れます。

それが「未来」に続いているので、唐突に売り込まれる感じがなく自然に答えてくれるのです。

いかがですか？

このようなやりとりができたら、お客さまとの関係もよくなりそうな気がしませんか？

実際、これが本来のお客さまとの商談なのです。

しかも、このヒアリングができれば、駆け引きも読心術も必要ありません。


お互いに腹を探り合うこともなく、気持ちよくビジネスができます。

そして、お客さまの本音が聞けるようになると、さらに深い会話が可能になります。

ヒアリングの極意は「裏ニーズ」を引き出すことにある

ニーズを聞き出すというのは、営業の1つの目的でもあります。

ニーズがあることが確認できれば、次のステップ「プレゼンテーション」に堂々と進めるからです。

ただし、ニーズを聞き出すというのは、1つの通過点に過ぎません。

あなたも、こんな経験がありませんか？

営業マン「そうですか。生命保険の見直しを考えているんですね」

お客さま「まあね」

営業マン「わかりました。ありがとうございます！」

ニーズを確認できたということで、喜んで会社に戻って上司に報告します。

上司も「よし、さっそく提案書をもっていけ！」と指示。

そうしてお客さまに提案したところ、「まあ、検討しておきます」とそっけない返事……。

結局、そのまま売れずに終わってしまうというパターン。

よくありますよね。

じつはこの営業マン、ヒアリング時にあと一歩が足りなかったのです。

先ほどの営業マンがもう一歩踏み込むと、こうなります。

営業マン 「そうですか。生命保険の見直しを考えているんですね」

お客さま 「まあね」

営業マン 「なぜ、それを考えているんですか?」

お客さま 「友人が急に病気になったと聞いて不安になったんだ」

営業マン 「なるほど。病気の心配ですね。他に気になるところはありますか?」

お客さま 「高度医療についても気になります」

営業マン 「なるほど。では、医療特約について次回ご提案しましょうか?」

お客さま 「よろしくお願いします」

このようにニーズがよりピンポイントになっているのがわかりますよね。

それによって、営業としてもグンと提案しやすくなります。

もちろん、成約の可能性も上がるというわけです。

このヒアリングのコツは、最初の「保険の見直しを考えている」という言葉を引き出しただけで満足してしまわないことです。

ニーズが聞けたと思って、そこで終えてしまう営業マンをよく見ます。

ここでもう一歩踏み込んで、**「なぜ、それを考えているのか」**という理由を聞けるかどうかが、「売れる営業」になれるかどうかの分岐点です。

ちなみに、私はこれを**「裏ニーズ」**と呼んでいます。

ヒアリングでは、裏ニーズが聞けたかどうかを重視するようにしてください。

「でも、あまりしつこく聞くとイヤがられるんじゃないの？」

これは、セミナーでもよく出てくる疑問です。

内向型の1つの特徴と言えるでしょう。

心配しすぎてしまうあまり、あと一歩が踏み込めないパターン。

それに対する私の答えはこうです。

「そう思う気持ちはよくわかります。ただ、聞かずにその後ピントがずれた提案をもっていっても、お客さまは喜びませんよね。時間のムダになる可能性も高いです。それよりも、もう少し詳しく聞くことで、お客さまに刺さる提案をしたほうが、お互いに有益です」

そのうえで、次の言葉を言うようにアドバイスしています。

「できるだけお客さまにマッチした提案をしたいので、もう少し詳しく聞かせてください」

このように、「『あなたのために』聞いているんですよ」と伝えれば、お客さまもきちんと応じてくれます。

深く聞かずに漠然とした提案をするのと、多少しつこくてもお客さまにピッタリの提案をするのとではどちらが失礼か、ということです。

答えは明白ですよね。

内向型が意識すべきは「小さなリアクション」

さて、ヒアリングにおける「3つの質問」、そして「裏ニーズ」についてはいかがでしたでしょうか?

この聞き方を常に意識して実践すれば、きっと実りあるヒアリングができることをお約束します。
そのうえで、とくに内向型営業マンに伝えておきたいことがあります。

それは、「リアクション」です。

「えー、リアクションは苦手だなあ」
もちろん、わかっています。
私も、とても苦手でしたからね。
ただ、ここで言うのは、テレビでよく見る芸人さんの大げさなリアクションではありません。あんなことは求めないのでご安心ください。

あなたにやっていただきたいのは、「小さなリアクション」です。

ここで、私の体験談を聞いてください。

ある女性営業から相談を受けていたときのことです。

喫茶店で悩みを聞いたうえで、私なりに丁寧にアドバイスをしていました。

私としては、きちんと裏ニーズも把握して、そこに焦点を合わせた話をしているので、確実に刺さると思っていました。

ところが、彼女にはどうもピンときていないようでした。


反応がないのです。


すると、私も不安になります。

「あれ？　何だか伝わっていないみたいだな？」

最初は自信をもっていた私の口調も、しだいにトーンダウンしていきました。

しかし、後日、彼女から届いたメールの内容は、「アドバイスどおりにやってみたら、うまくいくようになりました」という喜びにあふれたものだったのです。

思ってもいない結果に、私のほうが驚きました。

もう、あなたならピンときていますよね。

そう、彼女はとても内向的であるがゆえに、リアクションが苦手だったのです。

心のなかでは大きくうなずいていても、それが表情に出ないタイプだったということですね。

私もよく「何を考えているのかわからない」と言われていたので、彼女のことは理解できます。

でも、お客さまはわかってくれません。

何かしらの**「合図」**をしたほうがいいでしょう。

そこで私がおすすめしているのが、次の3つの小さなリアクションです。

①「へえー」「なるほど」「それで？」

これはヒアリングだけではなく、アイスブレイクのときも有効です。

大げさな身振りは必要ないので、小さな言葉で反応してあげてください。

「ちゃんと聞いてくれているんだ」とお客さまは安心します。

②身を乗り出す、のけぞる

たとえば、机をはさんで会話をしているときに、身体を前後に動かすだけでもＯＫです。

少し身を乗り出すだけでも、「その話、興味があります」と思っていることが伝わりますし、少し後ろにのけぞるだけでも、「驚きですね」という表現になります。

③目を見開く

リアクション的にはのけぞるのと同様ですが、目だけでも気持ちを伝えることができます。

以上、リアクションが薄いことを自覚している人でしたら、少しだけ意識してこれらのリアクションをやってみることをおすすめします。

こちらがきちんと聞いていることを示せば、お客さまは気持ちよくしゃべってくれます。

お客さまの話にリアクションをするというのは、お客さまへの思いやりなのです。

人の気持ちに敏感な性格だからこそうまくいく！

かつての私は、ヒアリングは商品を売るために必要な情報を得るための行動だと思っていました。

「売る」ことを意識すると、どうしても誘導尋問のようなヒアリングになってしまいます。

そして、それを察知すると、お客さまはとたんに心を閉ざします。

何だか、いつもギスギスしていました。

そんな状態は、何よりも私自身がとてもイヤでした。

自分の行動が人に不快な思いをさせてしまっている――。

そう感じることが、本当につらかったです。

もちろん、それはお客さまにとってもイヤなことだったでしょう。答えたくない質問ばかりされたあげくに、聞きたくもない提案までされたらムッとするのもわかります。

これからの営業マンは、このようなお客さまの気持ちを敏感に察知して、それを優しくケアしながら進めていくことが重要になってくるでしょう。

これは、まさに内向型の得意分野とも言えるのではないでしょうか。

人の気持ちに敏感な性格だからこそ、繊細で落ち度のないヒアリングができるのです。

- 心配性な性格
- 細かいところが気になる性質
- ミスを嫌う慎重な行動
- だれからも嫌われたくないという臆病さ

あなたの性格や特質が、このうち1つでも当てはまるのでしたら、それは立派な長所です。

そして、その長所はヒアリングに最適です。

「あなたに合う商品かどうか、まずはそれを確認させてください。そして合うとしたら、どのように合うのかを詳しく聞かせてください。少々お時間をいただきますが、それはすべてあなたのために行うものです。よろしくお願いします」

このようにヒアリングの思考を変えたとき、私のなかで世界が広がりました。

お客さまが私を受け入れてくれます。

お客さまがうれしそうに話してくれます。

そして最後には、お客さまが喜んで「買う」と言ってくれるようになりました。

すべては、「お客さまのため」にベクトルを合わせること。

そうすれば、次のステップ**「プレゼンテーション」**がとても簡単に進められるようになるのです。

第5章

最小限の言葉でお客さまの「納得」が得られる!

――ステップ④プレゼンテーション

ズバリ、プレゼンテーションの役割とは何か？

さて、ヒアリングが終わって、私がおすすめしている**「ステップ営業法」**（51ページ参照）も残り半分になりました。

現在までの立ち位置を確認しておきましょう。

まず、ステップ①の**【新規アプローチ】**で営業先を見つけました。

次に、お客さま候補のところへ訪問します。

まだ警戒しているお客さまに対して、ステップ②の**【アイスブレイク】**を行います。

そして警戒心が消えたらステップ③の**【ヒアリング】**でお客さまの状況を確認しました。

そこで、この章のステップ④の**【プレゼンテーション（商品説明）】**の順番がやってきました。

プレゼンテーションの目的は、**「お客さまにピッタリの説明をすること」**です。

ステップ④プレゼンテーションの役割

目的▶お客さまにピッタリの説明をすること

ポイント
- ヒアリングでリサーチした情報を活用する
- お客さまが聞きたい部分のみを簡潔に説明する

売れない人のパターン	売れている人のパターン
どこでも同じプレゼンテーション	お客さまに最適化したプレゼンテーション
↓	↓
よけいな情報が多くて長すぎる説明	必要な情報のみの簡潔な説明
↓	↓
お客さまは途中から聞いていない	お客さまは興味深く聞いている
✕	○

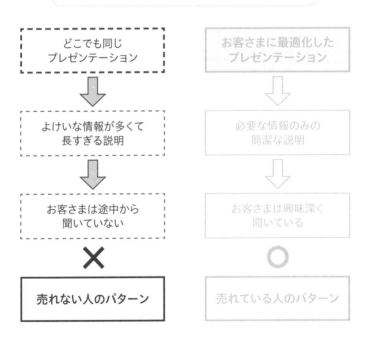

ところで、あなたは「商品説明」が得意ですか？

私は、「ステップ営業法」にたどりつくまでは、大の苦手としていました。

それは、これまで私が見てきた内向型営業マンの人たちも同様でした。

なぜか？

まず、話すこと自体が苦手なので、どうしてもスムーズに説明できません。

言葉につかえたり、言い間違えたりはしょっちゅうで、さらには間違えてしまうとあせって緊張して、いっそうグダグダになってしまいます。

セリフをきちんと覚えても、今度は正確にしゃべることばかり意識してしまい、内容がそっちのけになって、かえって伝わりにくくなっていました。

そして、もう1つ最大級に苦手なことがありました。


そう、ロールプレイング（ロープレ）です。


社内で上司や先輩を相手にしてトークの練習をする、思い出したくもないアレです。

私にとってロープレは、実際の営業よりも緊張するものでした。

何よりも**「役を演じる」**ことができませんでした。

いつも、居残りで何度もやり直しをさせられていたものです。

もしあなたがいま、同じような状況で苦しんでいるとしたら、この章はとても役に立つことでしょう。

何しろ、もう苦しい練習などせずに、もっとラクに売れる説明の方法が身につくのですから ね。

いかに〝説明〟をしないかが、商品説明のキモだった!

私が売れない営業マンだったころは、こんなことがよくありました。

私　「この商品の特徴は、まず……、次に……、そして……になります」
お客さま　「…………」(ノーリアクション)

私　「……。あ、そして、○○のような特徴もあります」
お客さま　「…………」（ノーリアクション）
私　「……」（ああ、もう説明することがない、どうしよう）

覚えた知識を懸命に説明するのですが、何を言ってもお客さまは腕組みしたまま無反応な状態。

当然、すぐに沈黙になってしまうので、同じような説明を繰り返したりしながら、間を埋めるのに必死でした。

あの重たい空気感は、いま思い出してもゾッとします。

でも、当時は**「商品知識を豊富に備えたうえで、たくさん説明できなければ売れない」**と勝手に解釈していましたし、その後、私がコンサルティングの場で見る「売れない営業」たちも、同じように思っていました。

でも、それは大きな誤りです。

営業は、「説明しないほうが売れる」のです。

もっと言うと、営業マンが説明する時間が短いほど売れるのです。

なぜなら、お客さまは営業マンの説明を一から十まですべて聞きたいのではなく、自分が興味をもっている部分だけを聞きたいから。

お客さまが退屈そうにしているのは、自分にとってどうでもいい説明が長いからなのです。

「でも、どうすれば説明を短くできるの?」

ここで、前のステップのヒアリングの意味が出てきます。

- お客さまが知っていることを確認する(説明不要の個所を知る)
- お客さまが興味のあるところを知る(説明すべき個所を知る)

ヒアリングは、よけいな説明を省くのと同時に、お客さまにピッタリの説明をするための情報収集が目的です。

つまり、ヒアリングと商品説明は、とても密接な関係にあると言えるのです。

売れなかったころの私は、ヒアリングが全くできていませんでした。

たとえヒアリングをしていたとしても形式だけのものですませていたため、それを商品説明と関連づけられなかったのです。

結果的に、よけいな説明ばかりしてお客さまの心が離れていきました。

そもそも、現在は知りたいことがあれば手元のスマホで何でも調べることができます。

お客さまが知っている情報が増えている——。

すなわち、営業マンが本当に説明すべきことは、どんどん少なくなっています。

極端な話、従来の説明を十分の一に減らすくらいのイメージでいいのです。

長々とした説明をスラスラ言えなくてもかまいません。

上手に説明するための練習も不要です。

そのほうが、かえってお客さまの反応もよくなってくるのです。

お客さまに「特別感」を与える伝え方にはコツがある

「ステップ営業法」に即したヒアリングをしたあとの商品説明は、こうなります。

営業マン「こちらについてはもうご存知ということなので、説明は不要ですね」
お客さま「そうですね」
営業マン「先ほど〇〇が気になっているとおっしゃっていましたが……」
お客さま「はい、そこが聞きたいですね」

この流れになれば、あとは自信をもって説明できますよね。
ここでのポイントは、次の点です。

● 先ほどこうおっしゃっていましたよね　↓　だから私はこうします

このように、**「ヒアリング時にお客さまが言ったこと」**に基づいて行動するだけで、お客さまは見違えるように前向きに対応してくれます。

そのためにも、ヒアリングのときには、できるだけお客さまにしゃべってもらうことが大切なのです。

他にも、こんな言い方があります。

「○○が好みということでしたが、こちらはいかがでしょうか？」

「たしか○○を優先させたいとのことでしたよね」

「○○は不要とのことでしたので、項目から外しておきました」

このような伝え方をすることで、**目の前のお客さま専用の説明**だということが強調されます。

自分専用の説明をされていると感じたお客さまは、営業マンに対して信頼感をもちます。

結果として、話を真剣に聞いてくれますし、途中でわからないことがあれば、すぐに質問してくれるようにもなります。

そう、自然な流れで会話ができるようになるのです。

この感触を味わうと、もうあの重苦しい一方通行の説明には戻れなくなりますよ。

お客さまの声を「レビュー」として活用しよう

唐突ですが、あなたに質問です。

あなたはネットで何かを買おうとするときに、その商品に対する**「ユーザーの声（レビュー）」**を見ることはありませんか?

私は、ほぼ確実に見ます。

とくにネットでは、実際に商品を手にとって確認することや店員さんに聞いてみることができません。

商品の紹介文やスペックは載っていますが、それだけでは納得して買いにくいものです。

そこでレビューを見ることで、その商品の評価を知ることができます。

もちろん、やらせ的なレビューもありますが、おおむね率直な意見が書かれているので、とても参考になるのです。

ここで注目すべきは、商品に対して**「マイナスのコメント」**があることです。

普通、売る側は自分の商品のマイナス面は表に出しません。

商品パンフレットには大きな文字でメリットが書かれていて、デメリットやマイナス情報などは、隅のほうに小さな文字で書かれているケースがほとんどです。

営業マンも、あえてデメリットを口に出したりはしませんよね。

「マイナス情報を伝えたら売れなくなるかもしれない」という気持ちがあるから、どうしても隠したくなります。

でも、実際には違うのです。

買い手が本当に信じるのは、いい面も悪い面もきちんと言ってくれる人です。


その意味では、ネットのレビューは営業マンよりも信用できると言えるでしょう。

実際、あなたもネットで買い物をするときに、最低の★1の評価がついている商品でも、買うことがありませんか？

いい面も悪い面も知ることができると、かえって安心して買えるのです。

そこであなたにおすすめしたいのが、**「実際のお客さまの声をレビューのように使う説明法」**です。

営業マン自身の言葉ではなく、お客さまが話した言葉をそのまま商品説明として引用するだけなので、とても簡単にできます。


コツは、プラスとマイナスの両方の情報を盛り込むこと。

たとえば、こんな感じです。

「先日、買われたお客さまは、『性能的には他社とあまり変わらないけど、全国に支店があるから、何かあったときも安心できる』とおっしゃっていました」

「実際に使われているお客さまは、『○○の機能がついてないのが最初は気になったけど、慣れたら全く問題ないよ』とのことでした」

「この前も迷っているお客さまがいまして、『高いけど、長い目で見たらこちらのほうが得だね』と結局買われていきました」

このように言えば、ネットのレビューと同じ効果を商談のなかで再現できます。

同じことを営業マンのセリフとして言うよりも、お客さまの言葉を引用したほうが、より説得力が増すというわけです。

いかがでしょう?

これなら、内向型のあなたでも、罪悪感を覚えることなく説明できますよね。

しかも、マイナス情報も伝えることで、

「この人は正直な人だな。この人の言うことなら信用できそうだな」

と、あなた自身の信頼度を上げる効果もあります。

そのためにも、ふだんからお客さまが買ったときに、**「買った理由」**を聞くクセをつけておいてください。

その答えをたくさんストックしておけば、たとえ説明がたどたどしいものだったとしても、確実に説得力がアップします。

これも、口下手な内向型営業マンなりの工夫なのです。

「動画」のメリットを最大限に活かす方法

口下手な内向型営業マンは、上手にしゃべる練習よりも、説得力を上げるための手法を考えたほうがいい――。

これは、長年の私の体験と、私がアドバイスをしてきた内向型営業マンの成果からも自信をもって言えることです。

どんなに話がうまくても伝わらないことも多いですし、反対にしゃべりは下手だけど説得力があるケースもよくあることです。
あなたは当然、後者を目指すべきですよね。

ポイントは、いかに興味をもってもらえるかです。

私はセミナーを行うときに、最初に自己紹介をします。その際、

「ちょっとこちらをご覧ください」

と言って、スクリーンに動画を流します。
それは、たくさんの野生のサルが走りまわっている映像です。
15秒くらい見てもらいながら話し始めます。

「これ、家の窓から撮影しているんですが、かなり田舎に住んでいるので、こんな光景がよくあるんです」

1種のつかみとして使うのですが、こうすることで、参加者の視線が私ではなくスクリーンに向きます。
これは、いきなり演壇に立って注目されるのを避けるためです。

何よりも、動画を流している最中は、何もしゃべる必要がありません。


それが私自身の気持ちを落ち着かせてくれるという効果があります。

このように、あらかじめお客さまに見せるものを用意しておくのは、内向型には最適な手法です。

見てもらっている間は、黙っていてもいいのですからね。

いまでは、ほとんどの人がスマホやタブレットをもっています。

写真だけでなく動画の撮影も手軽にできるようになりました。

これを商品説明に使わない手はありません。

営業マンの言葉で説明されるよりも、はるかに説得力があります。

もちろん、会社で説明用の動画を用意しているところもあるでしょう。

きちんと編集されて見やすくなっているかもしれません。


問題は、動画の長さです。

YouTubeなどの動画を見ることに慣れている人ほど、時間のかかる動画を見てくれません。

途中で飽きてしまって集中力をなくしてしまったら意味がないですよね。せいぜい、**「1分程度」**がいいでしょう。

解説したいことがたくさんあるのなら、それぞれを短く分けて、その個所を説明したいときに見せるようにしてください。

そして、できれば自分で撮影することをおすすめします。

別にプロではないので、動きがわかるだけでいいのです。

私のクライアントで、お掃除専門業の人が実際の掃除の様子を動画に撮って活用していました。

お客さま　「エアコンの掃除って、まわりが水浸しになるイメージがあって……」

営業マン　「実際の作業は、こんな感じです」（動画を見せる）

お客さま 「なるほど、これなら大丈夫だね。エアコンの下にテレビがあるので心配だったんで」

営業マン 「ご安心ください」

お客さま 「ところで……。あれ？　作業しているのって君？」

営業マン 「そうです。ちょっとぎこちないですが」（笑）

お客さま 「なかなか作業着姿も似合っているよ」

じつにいい感じで話が進んでいますよね。

「ご安心ください」などと口だけで言っても伝わりにくいものですが、不安になりそうなところを動画で見せていることで、お客さまが納得してくれるようになったそうです。

口頭での説明の途中で、動画の説明を入れると、いい感じのアクセントにもなるので、場の空気もリフレッシュされます。

さらに動画が流れている間は、お客さまと同じ画面を黙って見ている状態です。

つまり、お互いに面と向き合っていなくても不自然ではなくなります。

私は、内向型の営業マンには、とくにこのやり方をすすめています。

よく「相手の目を見て話せ」と言われますが、内向型がそれをやろうとすると、変に緊張してうまくいかないことが多いもの。

それよりも、お互いの目線を外していてもおかしくない場面をつくりましょう。

● 「こちらをご覧ください」（パンフレットを指さしながら）
● 「ちょっといま調べますね」（カタログをめくりながら）
● 「手にとってみてください」（現物を手渡しながら）

ここに動画を加えれば、お客さまの目を見なくても自然なやりとりをすることが可能になります。

せっかく、気軽に動画を扱える環境があるのですから、ぜひそれを有効に使ってほしいと思います。

大勢の前でのプレゼンにはどう臨めばいいのか？

私には、長い間できないことがありました。

それは、大勢の前でのプレゼンテーションです。

いまでこそ、1000人規模の講演もできるようになりましたが、少し前までは人前に立って話をすることなど、絶対にできないことでした。

内向型の人なら同じだと思いますが、もともと人前で話をすることを極力避けて生きてきたので、経験値が圧倒的に少ないのです。しゃべる技術もなければ、気のきいたことを言って笑わせるテクニックもありません。

そんな私が社会人2年目のときに、ある事件が起きました。

新製品の発表会があり、営業マン全員で分担して発表することになったのです。

もちろん、私だけ「できません」とは言えません。

発表会までの1週間は、食事がまともにのどを通らない状態でしたが、「10分程度だから大丈夫」と自分に言い聞かせながら、何とかセリフを暗記しました。

そして当日を迎えて、いよいよ私の番に——。

演壇に立つやいなや、忘れないうちにとセリフをしゃべり始めました。

おそらく、かなりの早口だったと思います。

そして、ついにそのときが来ました。

そうです、急にセリフが飛んでしまったのです。

頭が真っ白になりながらも懸命に思い出そうとしましたが、あせるほどにセリフが脳から消えていきます。

しばらく黙ってもがいていましたが、「もうダメだ……」。

私は、黙って客席に頭を下げて演壇を降りました。

そうです、途中で帰ってしまったのです。

あまりの悲惨さに、上司も声をかけてきませんでした。

「やっぱり自分には人前でしゃべることなんてできないんだ」


それがトラウマになって、それ以降、人前でしゃべれなくなったのです。

この気持ち、内向型の方ならわかるでしょう。

そして、おそらくあなたも一度くらいは、あがってしまって大恥をかいた経験があったりしますよね。

営業で、相手と1対1ならギリギリ大丈夫だという人でも、相手の人数が増えてしまうと、緊張でまともにしゃべれなくなるものです。

では、そんな私がなぜ、人前でしゃべれるようになったのか？

コツは3つあります。

①始める前に話しかける
②しゃべり下手であることを伝える
③ゴールを明確にする

それぞれを具体的に見ていきましょう。

内向型があがらずに話すための3つのコツ

複数の人を前にしてのプレゼンテーション――。

先にもお話ししたように、しゃべり下手であがり症の営業マンでもうまくいくためのコツは3つあります。

①始める前に話しかける

これは、私がいつもやっていることで、セミナーなどでも参加者の方々にすすめていることです。

1対多のプレゼンは、営業マンが1人でしゃべって相手は黙って聞いている場だと思っていませんか？

それは大きな間違いです。

「最初から最後まで1人でしゃべり続けなければならない」という思い込みは自分に

プレッシャーを与えるだけです。

プレゼンテーションは**「会話」**だと思ってください。

だから私は、始める前に**「話しかける」**という行動を必ずとるようにしています。

たとえば、講演などの場合、一番後ろの人に向かって、こう話しかけます。

「私、けっこう声が小さいんですけど、これくらいの声で聞こえますか?」

すると、「聞こえます」とか、両手で丸印をつくって応答してくれます。

あるいは、

「今日は後ろでカメラが回っているみたいですけど、気にしないでくださいね」

と言って、カメラを指さします。

すると、参加者の意識が私から後ろのほうに一瞬移ります。

このようにちょっとした「話しかけ」をしてからスタートするのですが、これをやるようになってから、スッと本題に入れるようになりました。

これは、自分の緊張を解くためでもありますが、参加者たちの緊張も解けるので、場の雰囲気が一気にやわらかいものに変わります。

ぜひ、最初の一声を「話しかけ」から入るようにしてみてください。

②しゃべり下手であることを伝える

「上手にしゃべらなくては……」と考えるほど緊張するものです。

私も講師を始めたころは、「講師たるもの、上手にしゃべるのが当然だ」と思っていました。

しかし、それを意識するほど緊張してしゃべれなくなるのです。

また、自分のしゃべり方に気をとられていると、肝心の内容が伝わりにくくなるのもわかりました。

そこで、作戦を変えました。

「子どものころからクラスで一番無口。すぐ顔が赤くなり大汗になるあがり症。初対面の人には話しかけられない内気な性格」

冒頭の自己紹介でこんな話をすることで、**「しゃべりをミスしてもＯＫ」**という状態にしてしまうようにしたのです。

こうしておけば、実際に言い間違えをしても、自分でもスルーできますし、聞き手も気にしなくなるので一石二鳥です。

営業の場でも同じことができます。

「私、いつも営業らしくないと言われるほどのあがり症で、しゃべりが大変苦手です。なので、途中で言葉につっかえたりしたら、温かい目で見守ってください」

あなたも、こんな感じで始めてみてはいかがでしょう?

③ゴールを明確にする

最後は、人前で話をするときの心がまえです。

気持ちの問題なので、練習しなくても、その場でできることです。

「今日の講演は、営業成績はしゃべりのうまさと関係ないことだけ伝わればいい」

このように、私は講演の最初に自分に言い聞かせるようにしています。

今日は何のために来たのか? そして参加者は何を求めて来たのか?

きちんとゴールをイメージすることで、自分の役割が明確になります。

すると、たとえたどたどしいしゃべり方でも、説得力が出るのです。

実際、ゴールを明確にしてから話すようになって以来、講演後のアンケート結果が格段によくなりました。

下手なしゃべりでも、ほぼ満点をもらえるようになったのです。

営業のプレゼンでも同じことが言えます。

「上手にしゃべる」ことに意識が向いたままだと、自分のしゃべりに気をとられて、お客さまを置き去りにしがちです。

何のために話すのか？

「今日のプレゼンは、商品の３つの特徴がしっかりと伝わるだけでＯＫ」

このようにゴールだけをイメージしておけば、自分の話し方などに気をとられることなく、伝えたいことがきちんと伝わるようになります。

営業マンのしゃべり方というのは、自分が気にしているほどお客さまは気にしていないものなのです。

以上、複数の人の前でプレゼンテーションをするときのコツについて見てきました。

私は、いまでもこの３つを心がけて話すようにしています。

ぜひ、試してみてください。

お客さまを3つのタイプに分ければ半自動的に対応できる!

すでにお話ししているように、ヒアリングではお客さまにピッタリの商品説明を行うための情報を聞き出します。

それに基づいて説明をし終えると、お客さまの反応が次の3つに分かれます。

(1)買う…「いいね、買うよ」
(2)買わない…「よさはわかったけど、いまはいらないかな」
(3)迷っている…「うーん、どうしようかなあ」

あとは、営業マンはそれぞれの反応に対して、半自動的に次の行動をとればいいということになります。

それぞれを見ていきましょう。

①買う

これは、そのまま買ってもらうだけです。

お客さまにピッタリの説明ができるようになると、このように説明するだけで契約が決まってきます。

もちろん、顧客となるので、次のステップは**【フォロー】**になります。

②買わない

ここで多くの営業マンがやりがちなことは、ムリに買わせようとすることです。

「そう言わずに、何とか買ってくださいよ」×

「もう一度考え直してください」×

「買っていただけるまで何度でもご説明します」×

「営業は断られてからが勝負だ」などと言っている人がいますが、それは大きな間違いです。

お客さまが買わないと言ったら、素直に従いましょう。

ここで粘ってしまうと、これまで積み上げてきた信頼関係が根底から崩れます。

何度もお話ししているように、この本でおすすめしている「ステップ営業法」の根幹は、お客さまからの信頼を積み重ねることです。

ところが、お客さまが「買わない」と言ったとたんに、しつこく粘る行為をしてしまうと、

「なんだ、結局は自分の売上げのためじゃないか」

となってしまい、信頼がガクンと落ちるのです。

一度落ちた信頼は、そう簡単には回復できません。

そうして、フォローもできずに顧客リストからも消えてしまうのです。

そうならないためにも、「買わない」と決めたお客さまに対しては、

「わかりました。今日は帰りますね」

と素直に帰りましょう。

そして、**「フォローリスト」**に入れます。

そうすることで、今後も良好な関係を維持することができるのです。

このお客さまのみ、**［クロージング］**に移ります。

迷っているというのは、**「欲しい気持ちはあるけど、何かが引っかかってYESとならない状態」**です。

つまりは、ニーズがあるのです。

あとは、引っかかっていることを取り除くだけで「買う」に変わります。

また、結果的に「買わない」となっても、**［フォロー］**に移行することで、潜在顧客として可能性を残すことができます。

さて、以上のことを図で表すと、次ページのようになります。

かつての私もそうでしたが、売れない時期というのは、とかく迷いが多くなるものです。

お客さまの反応に一喜一憂しながら、その都度**「このあと、どうしようか？」**と考えてしまいがち。

プレゼンテーション後のお客さまへの対応

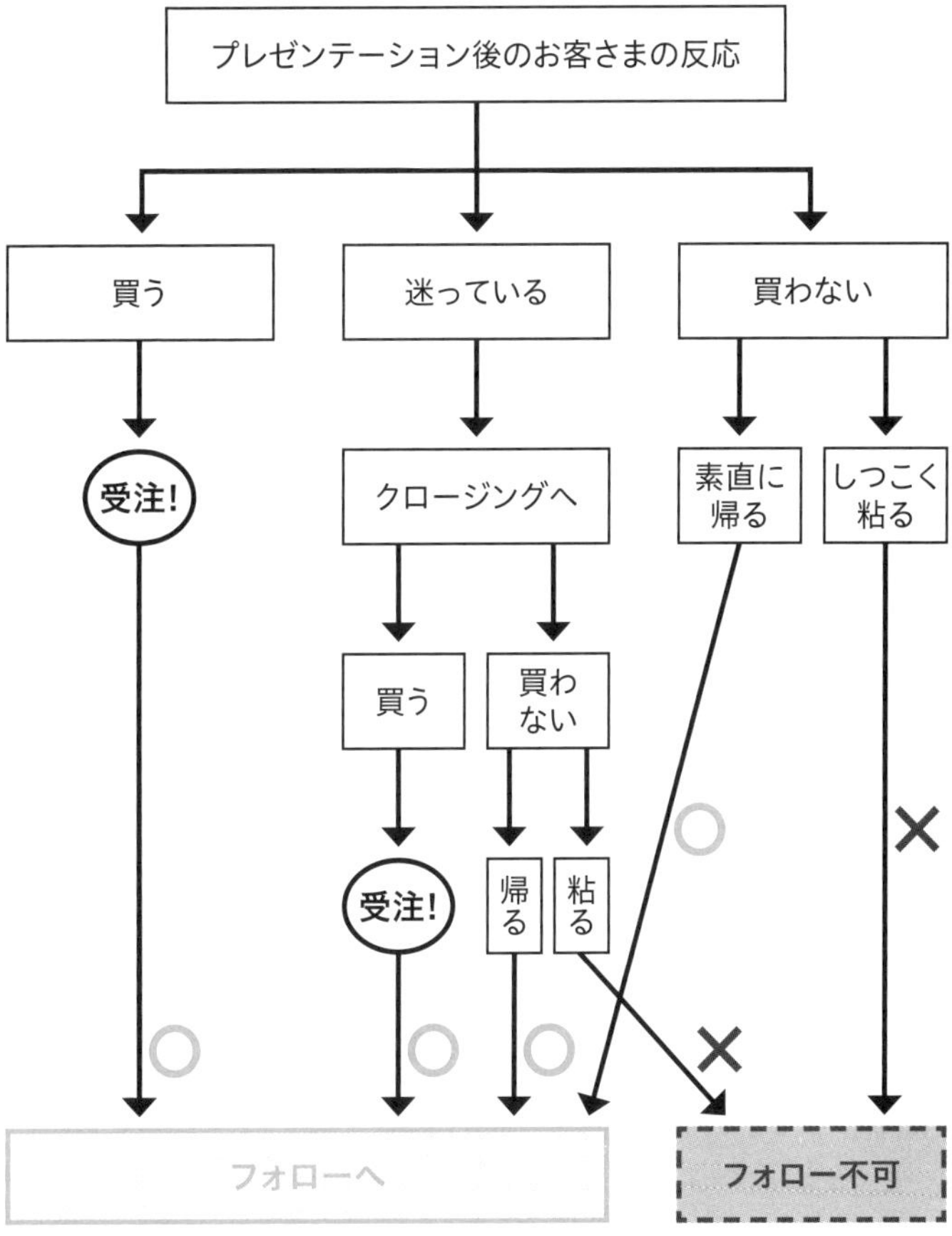

すると、はっきりした態度がとれずに、結局グダグダになって終わってしまいます。

「あのとき、こうすればよかった」などと後悔することも多くなることでしょう。

とくに内向型の性格は、あれこれ深く考えてしまう傾向が強いので、よけいにお客さまからの印象が悪くなりがちです。

その点、ご説明したようにお客さまの反応を3つに分けておけば、ブレずに最適な対応をすることが可能になります。


ということで、次は**「迷っている」**お客さまへの対応である**「クロージング」**に移ります。

もちろん、こちらも内向型にとってムリをしなくてすむ方法なので、気軽に読み進めてください。

第6章

お客さまの「買わない理由」がどんどんなくなる！

――ステップ⑤クロージング

クロージングを得意としている営業マンの共通項

私はこれまで多くの内向型営業マンを見てきましたが、**「クロージングが得意」**と言っている人に、1人も会ったことがありません。

むしろ、こんな相談や質問をよく受けます。

「どうすれば説得力を上げられますか？」

「クロージングが苦手で売れません」

「やはりお客さまに強く言えないから売れないんでしょうか？」

それに対して、私はいつもこう答えています。

「クロージングでは、説得してはいけないんですよ」

すると、みなさん「？」という表情になります。

その気持ち、私にもよくわかります。

クロージングというと、どうしても気合いと根性で粘って頼み込んで頭を下げて、買ってくれるまで強引にお願いする……。

そんなイメージが強いですからね。

売れない時期の私も、ずっとそう思っていました。

そして、いつも商談の終盤にさしかかると、気が重くなっていたものです。

「そろそろクロージングだ。でも、お客さまの目を見て説得するのはイヤだなあ」

そんな気持ちでやるものですから、実際にはうつむき加減になりながら小さな声で、

「いまキャンペーン中なので、お得ですよ」

などと言っていました。

それが精いっぱいの説得でした。

もちろん、売れません。

そして売れないと、**「ああ、やっぱりクロージングが下手だからだ。もっと気合いを入れて説得の練習をしなければ……」**と思っていたものです。

でも、売れている人がみんな強引なお願いで結果を出しているのかというと、そんなことはありません。

むしろトップ営業の人たちを見てみると、

「他に気がかりな点はありませんか?」(穏やかな口調)
「それについては、こちらをご覧ください」(そっと資料を見せる)
「ちなみに先日のお客さまも○○とおっしゃっていました」(「お客さまの声」の紹介)

というように、とても和やかな雰囲気で会話が進んでいきます。
お客さまもにこやかに**「じゃあ、それを注文するよ」**と買っていきます。
本来、クロージングとは、そういうものです。
気合いを入れて、強引に契約をお願いするものではないのです。
「そうは言っても、やっぱり最後は強気に押さないとダメなんじゃないの?」
そう思うのも、ごもっともです。
でも、実際にやってみるとわかります。

むしろ強引なお願いをするほうが「売れない」ということを。

次の項目で、その理由をご説明していくことにしましょう。

ズバリ、クロージングの役割とは何か?

クロージングというと、どうしても**「最後」**のイメージが強いようです。

だから、「ここで何としても決着をつけるんだ」と力んでしまいがち。

でも、クロージングはまだ途中段階です。ここでムリをしてお客さまの信頼を損ねたら、それこそすべてが終了してしまいます。

ここで商談全体の流れを見ながらクロージングの目的を確認しておきましょう。

クロージングの目的とは、**「商品説明後に迷っているお客さまに対して行うもので、その迷いの原因を取り除く作業」**です。

迷っているお客さまの心のなかというのは、「買いたい」気持ちと「買わない」気持ちが混在している状態です。

つまり、「買わない」気持ちがなくなれば、あとは「買いたい」気持ちだけが残るので、自然に売れるということです。

したがって、フォーカスすべきは、**「迷っている原因」**のみです。

お客さまが迷っている原因（買わない理由）をそっと取り除いてあげることが、本当のクロージングなのです。

ところが多くの人は、「ここで商品のよさをもっと強調して説得しよう」と考えてしまいがちです。

でも、お客さまはすでに商品のよさはわかっています。だからこそ買いたい気持ちがあり、それと買わない気持ちとを天秤にかけながら迷っているのです。

ここで、お客さまの頭のなかに天秤があることを想定してみてください。


そう、「買いたい」側に傾けるためには、「買わない」側に乗っているもの（迷っている原因）を、１つずつ取り除けばいいのです。


「では、どうしてこれまでのクロージングは売り込むイメージだったの？」

そうですよね。

各論に入る前に、そうなってしまう原因を見ていくことにしましょう。

ステップ⑤ クロージングの役割

目的▼
迷っているお客さまの「買わない理由」を取り除くこと
ポイント
●買わない人に、強引な売り込みをするものではない
●言葉よりもツールや資料を活用する
買わないお客さま
強引な説得・しつこいお願い
信頼関係がなくなり、今後も買わない可能性が高くなる
×
売れない人のパターン
買いたいけど迷っているお客さま
「買わない理由」を取り除く
信頼関係は維持したままで、「買いたい」気持ちのみ残る
○
売れている人のパターン

あなたは、どちらのスタイルを選びますか？

なぜ、クロージングは売り込む場面だと思われているのか？

それは、**「プレゼンテーション後」**に原因があります。

「強引にお願いする型」の営業では、商品説明をしたあとで、「買わない」お客さますべてに対してクロージングを行うのが常でした。

つまり、この本で分けている「買わない」人も「迷っている（まだ買わない）」人も、同じ扱いをしていたのです。

よく営業の場で言われがちな「買わないお客さまをどうやってひっくり返すか？」というのは、基本的に「買わない」人のみを対象としているものです。

それは根底には、**「お客さまはウソをついている」**という前提があるからです。

つまり、これまでの営業スタイルというのは、次のような論法の上に成り立っています。

- お客さまは営業マンに対して警戒して本音を言ってくれないものだ
  ←だから
- お客さまはウソを言っている可能性が高い
  ←だから
- たとえ「いらない」と言ってもウソかもしれない
  ←だから
- 強引にお願いすれば買ってくれるかもしれない

しかし、これを前提に営業しようとすると、どうしてもお互いに腹の探り合いになって、ギスギスしたやりとりにならざるを得ません。
そんなだまし合いのような営業はやりたくないですし、もはや通用しなくなっています。

そこで、この本の**「ステップ営業法」**が有効なのです。

● お客さまは営業マンに対して警戒している
←だから
● まずはアイスブレイクで警戒心を解く
←だから
● ヒアリングでも本音で話をしてくれる
←だから
● 商品説明もお客さまにピンポイントでできる
←だから
● 「買う」「買わない」「迷っている」が明確になる
←だから
● 「買わない」とお客さまが言ったら、信じることができる
←だから
● 強引に売り込むことなくフォローへつなげられる

実際に、売れている人は、みんな後者の流れになっています。

お客さまとの信頼関係を重視した行動をしているのですね。

そして、内向型営業マンが売れるようになるには、この流れしかないと私は確信しています。

クロージングでは、決して強引に説得してはいけないのです。

お客さまの「買わない理由」を消すクロージング法

内向型の特徴の1つに、**「客観的にものごとを見られる」**というものがあります。

これが、じつはクロージングに最適なのです。

商品を冷静に見ることで、普通なら目にとまらないことにも気づくことができるからです。

ここで、あなたが扱っている商品のパンフレットをあらためて見てください。

特徴や他にないメリットなどが書かれているはずです。

基本的に商品を売るためのツールなので、メリットが書かれているのは当然とも言えます。

「業界最薄の液晶テレビ！」

「○○万画素！　画面の美しさには自信があります！」

「万が一のときにも安心の10年保証付き！」

ただし、冷静に逆の見方をすると、こうなります。

「そんなに薄くて強度は大丈夫なの？」

「画素数の違いと言われても、見た目ではわからないよ？」

「保証をそんなに強調するってことは、万が一の故障がよくあるってこと？」

そして、お客さまの**「買わない理由」**とは、このような部分なのです。

営業マンから、どんなに「よさ」を強調されても、不安な気持ちが少しでもあると、買うことに迷いが出ます。

そんなお客さまの気持ちを察するのは、内向型の得意分野ですよね。

さらに、自社商品に対する**「不安要素」**を見つけることも、客観的視点をもつ内向型なら得意なはずです。

それを、あらかじめトークやツールに落とし込んでおきましょう。
たとえば、こんな感じです。

- 「そんなに薄くて強度は大丈夫なの？」
→「こちらが強度検査を行っている動画です。日常生活でこんな衝撃を与えることはまずないと思います」（動画を見せながら）
- 「画素数の違いと言われても、見た目ではわからないよ？」
→「おっしゃるとおりです。普通の動画などを見るぶんには変わりません。ただ、ネットなどの文字情報を見るときは画素数が多いほうがきれいに見えますよ」（文字のアップの比較写真を見せながら）
- 「保証をそんなに強調するってことは、万が一の故障がよくあるってこと？」
→「たしかにそう思いますよね。こちらをご覧ください。このテレビの販売台数とその修理件数のグラフです。じつは、ほとんど故障しない機種なんですよ」（グラフを見せながら）

いかがでしょうか？

「お客さま目線」で不安になりそうなところを察知し、準備していく――。

これが、お客さまの「買わない理由」を消すクロージング法です。

また、その際には、口頭で説明するよりも、**「こちらをご覧ください」**とツールや資料を見せたほうが、お客さまも客観的に判断できます。

何よりも内向型営業マン向きです。

さあ、あなたもお客さまから言われた**「不安の声」**や、自身で気づいた**「デメリット」**をピックアップして、資料に落とし込んでいきましょう。

実際、私はそのようなクロージング資料をたくさんもって商談に臨んでいました。

ある意味、完全武装状態なので、自信がもてるのと同時に自分を落ち着かせてくれる効果もありました。

ぜひ、あなたも実践してみてください。

これをやったら、すべてが水の泡になる

お客さまに「買わない」と言われたら、強引に売り込んだりなどせずに、素直に帰る――。

これは、それまで築いてきた信頼関係を崩さないためにも、本当に大切なことです。

ここで以前、私が同行しながら営業マンを教えていたときのお話をします。

客先での商談中。

ひととおり商品の説明が終わったところで、次のようなやりとりになりました。

お客さま 「ちょっとウチでは使わないかな」

営業マン 「いや、でも……」

何か言いそうになった営業マンを制しながら、私はこう言いました。

私　「そうですよね。先ほどのお話のなかでもシステムと合わないようなことをおっしゃっていましたよね」

お客さま　「そうなんです。商品はとてもいいものだと思いましたが、ウチの仕事とはマッチしないことがわかりました」

私　「承知しました。お時間をいただきまして、ありがとうございました」

お客さま　「こちらこそ、わざわざ来ていただいたのにすみません」

お互いに契約には及ばないことがわかったので、私たちはクロージングをせずに引き上げました。

すると、その日の夕方にそのお客さまから電話が入りました。

「さっきの商品のことなんですけど、私の知人が欲しがっているのでご紹介したいのですが、いかがでしょうか？」

もちろん了解して、後日、その知人を訪問して受注になりました。

いかがでしょう?

これこそが、信頼関係を維持することを重視した行動の結果です。

断られたとしても素直に帰れば、

「この営業マンは、こちらのことをよく理解しているな。信頼できそうだな」

と、印象が全く違ってきます。

その後も関係性が持続できるので、この例のように紹介の可能性が出てくることがありますし、状況が変わってニーズが発生したときに、自然に**「あなたから買うよ!」**となるのです。

このようなお客さまをどんどん増やしていくことが、営業マンの仕事です。

行くたびに歓迎してくれるのと、行くたびに冷たく追い返されるのと、どちらがいいかは明白ですよね。

お客さまが「買わない」と言ったら、素直に帰る——。

何かと押しが弱い内向型の人には、とくにおすすめするスタイルです。

「既存のお客さまの声」は究極のクロージングツール

私は売れずに悩んでいる営業マンにいつも聞いています。

「既存客のところへ行っていますか？」

すると、ほとんどが「行ってない」と答えます。

すでに売れてしまったお客さまのところへ行く暇があったら、新規を当たったほうが売上げにつながる、と思っているのでしょう。

ところが、実際には売れている営業マンほど、既存のお客さまのところへよく行っているのです。

そんなことから私は、売れていない人には「ぜひ既存のお客さまのところへ行ってください」と言っているのですが、こんな質問が返ってきます。

「でも、行って何をすればいいんですか？」

行ってもこれ以上売れないのに、行く意味があるのかという疑問からです。

私は、こう答えます。

「売りに行くのではありません。情報を聞きに行くのです」

具体的には、次のように買う前後の心のなかについてヒアリングします。

●私どもの商品を買った決め手は何だったんですか?
●買うときに迷いましたか? 迷ったとしたら、どのへんで?
●買う前のイメージと買った後では、違いがありましたか?

お客さまというのは、案外同じような個所で迷っていたりするものです。

「先日のお客さまもそこで悩んでいましたが、結局○○を優先させたとのことです」

さらに、営業マンが想像していないようなところが決め手になったりします。

「先日のお客さまは、○○が気に入ったと言って買っていかれました」

また、自分の意見をお客さまに代弁してもらうことで説得力を上げることもできます。

「実際に使ってみたら、想像以上のパワーだったと、先日買われたお客さまがおっしゃっていました」

お客さまの言葉というのは、ウソのない感想なので情報としての価値がとても高いのです。

さらに、お客さまの心に寄り添うという意味では、**「既存のお客さまの生の声」**というのは、とても強力なクロージングツールになります。

そう、確実にお客さまが聞いてくれる説得力の高い手法を使えば、下手なクロージングテクニックなどは必要なくなるのです。

内向型の性格だからこそ「決め手」になる一言とは？

ここまで「クロージングは強気で押すのは厳禁だ」と何度も言ってきました。

その理由にもご納得いただけていると思います。

では、ヒアリングの結果から、**「この人には自社の商品が絶対に合う!」**と思えたときも、やはり強くすすめてはいけないのでしょうか?

私の経験上、そういうときは、たいていすぐに決まるものですが、たまにまだ迷っているケースもあります。

こちらは心のなかで「もう迷うことはないでしょ」と思っていても、なかなかYESと言ってくれないとき。

お客さまも慎重な性格なのかもしれません。

そんなときは、こう言いましょう。

「絶対におすすめです!」

そう、自社の商品がお客さまに合っていると心から思っているときは、そのとき限定で、強くすすめる言葉を使ってもいいのです。

このセリフ、普通の営業マンでは使えません。

内向型営業マンだからこそ使えるのです。

ふだん気が弱いタイプの人から、いきなり強くすすめられたら、お客さまはどう思うでしょうか？

「あれ？　いつもは弱気な感じなのに、今回ばかりは強気だな。ということは本当に自分にピッタリの商品みたいだな！」

内向型営業マンが発する言葉だからこそ、信ぴょう性が高いのです。

もちろん、これは本心から言わなければNGです。

テクニックとして使おうとしてもバレてしまいますからね。

実際、私自身も何度か強気に押して契約になったことがあります。

そのときは本当に自信があったので思わず強く言いましたが、お客さまはちょっとびっくりして、**「まあ、君がそこまで言うなら」**と注文をいただきました。

慎重な性格の内向型ですから、7〜8割程度の自信では強くは言えません。

100％の自信があるときのみ、**「決め手」**として言うようにするのです。

その根底には、売るためというよりも、**「お客さまのため」**という気持ちがあることが大前提です。

その心意気は、きっと伝わります。

お客さまが買わないときには「フォロー客が増えた」と考えよう

ここまでのところをお読みになって、あなたはこう思ったかもしれません。

「本当に、そんなゆるいクロージングで売れるの?」

たしかに、「売り込むな」とか「しつこく粘るな」などと言っているので、ゆるいと感じたかもしれません。

しかし、結論から言うと、むしろ売れるのです。

私の知人で、世界的に有名な保険会社の国内トップ営業の人がいます。

その人の仕事の進め方を聞いて、私は確信しました。

「売り込まないほうが売れる!」と。

彼は、保険をほぼ毎日売るそうです。

これだけ聞くと、休みなく仕事に明け暮れているのだろうと想像しがちですが、実際にはそうではありません。

「テレアポとか全くやりませんよ。1日の訪問件数も1、2件です。わりとのんびりやっています」

では、なぜそんなに売れるのか？

「保険という商品は、お客さまと会ってその場で決まるような性質のものではありません。ですから、そもそも売ろうとしないんです」

「売ろうとしない!?」

「そう、売ろうとしたって、売れないものは売れませんからね。それよりも、**『この人と今後どうしたら気持ちよくつき合える関係になれるか』**を考えています」

「なるほど。いわゆる**『そのうち客』**ですね」

「そうです。私には気軽に会いに行けるお客さまがたくさんいます。それを増やすことが営業活動の主軸です。すると、そのなかから保険の案件が出てくるので、それに対応していると、ほぼ毎日売れるという結果につながっているのです」

それを聞いて、私は唸りました。

営業の主軸を「売る」ではなく**「フォロー客を増やす」**にしていることで、しっかりと結果を出しているのです。

「売り込む」という行為は、お客さまからの信頼を損ねます。

一方、「売り込まない」という行為は、お客さまからの信頼を得ることにつながるのです。

このことを自分のなかできちんと消化できていると、自信をもって「売り込まない」ことができるようになります。

大切なことなので、あらためて整理しておきます。

クロージングは、何が何でも買ってもらうための行為ではありません。

お客さまの「買わない」理由を取り除き、「買いたい」気持ちを後押しする作業です。

そこで結果的に買わなかったとしても、絶対に売り込んではダメです。

「これでフォロー客がまた増えたぞ！」と喜べばいいのです。

このフォロー客を増やすことを営業の主軸にすれば、たとえ売れなくてもがっかりすることはありません。

「今日は売上げこそなかったけど、フォロー客が３人も増えた。今日もいい仕事をしたなあ」

このような気持ちになれたとき、きっとあなたは**「売れる営業」**になっているでしょう。

さあ、次はいよいよ「ステップ営業法」の最後**「フォロー」**です。

ある意味で、売上げを飛躍的に伸ばせるかどうかは、このステップにかかっています。

とはいえ、とくに難しいことをする必要はありません。

気をラクにして次の章へとお進みください。

第7章

将来、お客さまが「買いたい」と言ってくる！

――ステップ⑥ フォロー――

自分がラクになる営業スタイルにシフトしよう

営業の仕事はクロージングまでで終わり。その後のフォローは一応やっている程度で、それよりも新規アプローチに時間をかけている――。

そんな営業マンが多いことと思います。

とくに売れずに悩んでいる人ほど、その傾向が強くなりがちです。

時間をかけて良好な関係をキープしていて、そのうちに売れそうなお客さまに対しても即決を促してしまい、かえって売り損じてしまう。

訪問先を自分でどんどんつぶしてしまうので、新規アプローチをせざるを得なくなる。

お客さまとも信頼関係を結べないので会話にならないもどかしさ。日常的に断られるために精神的ダメージが蓄積。そして、何より売れないことによる自信喪失。

その繰り返しで毎日、胃が痛くなりながら自転車操業をしている……。

心が傷つきやすい内向型にとっては、ストレスがたまりまくる状況です。

前の章でご紹介した保険の営業マンのように、もっと気持ちよく仕事ができる営業スタイル。

やるほどにどんどんラクに売れ続ける状態。

それは、ごく一部の人だけのものではありません。

だれにでも可能なのです。

もちろん、内向型営業マンにも!


そこで重要になってくるのが、この章のテーマである「フォロー」です。


売ることをゴールにするのではなく、フォローをゴールにすることで、精神的苦痛から解放されるうえに、結果もついてきます。

次の項目から詳しく見ていきましょう。

ズバリ、フォローの役割とは何か？

なぜ、「フォロー」を行うと内向型営業マンの大きな課題である**「結果」**と**「精神的苦痛からの解放」**の両方が得られるのか？

最初に、次ページに掲載した図をご覧ください。

フォローの目的は、「『買わない』お客さまとの関係を維持すること」です。

そして、信頼関係を深めながら「買う」に近づけていくことです。

一般に、人と人とは接触が多いほど相手から好意をもたれると言われています。

これは**「ザイオンス効果(単純接触効果)」**というもので、学術的にも証明されているものです。

注意点は、ただ「会いに行く」だけでは、その効果は望めないということです。

ステップ⑥ フォローの役割

目的▶「買わない」お客さまとの関係を維持すること

ポイント
- お客さまとの信頼関係の維持、向上を目指す
- リストの数と同時に質も重視する

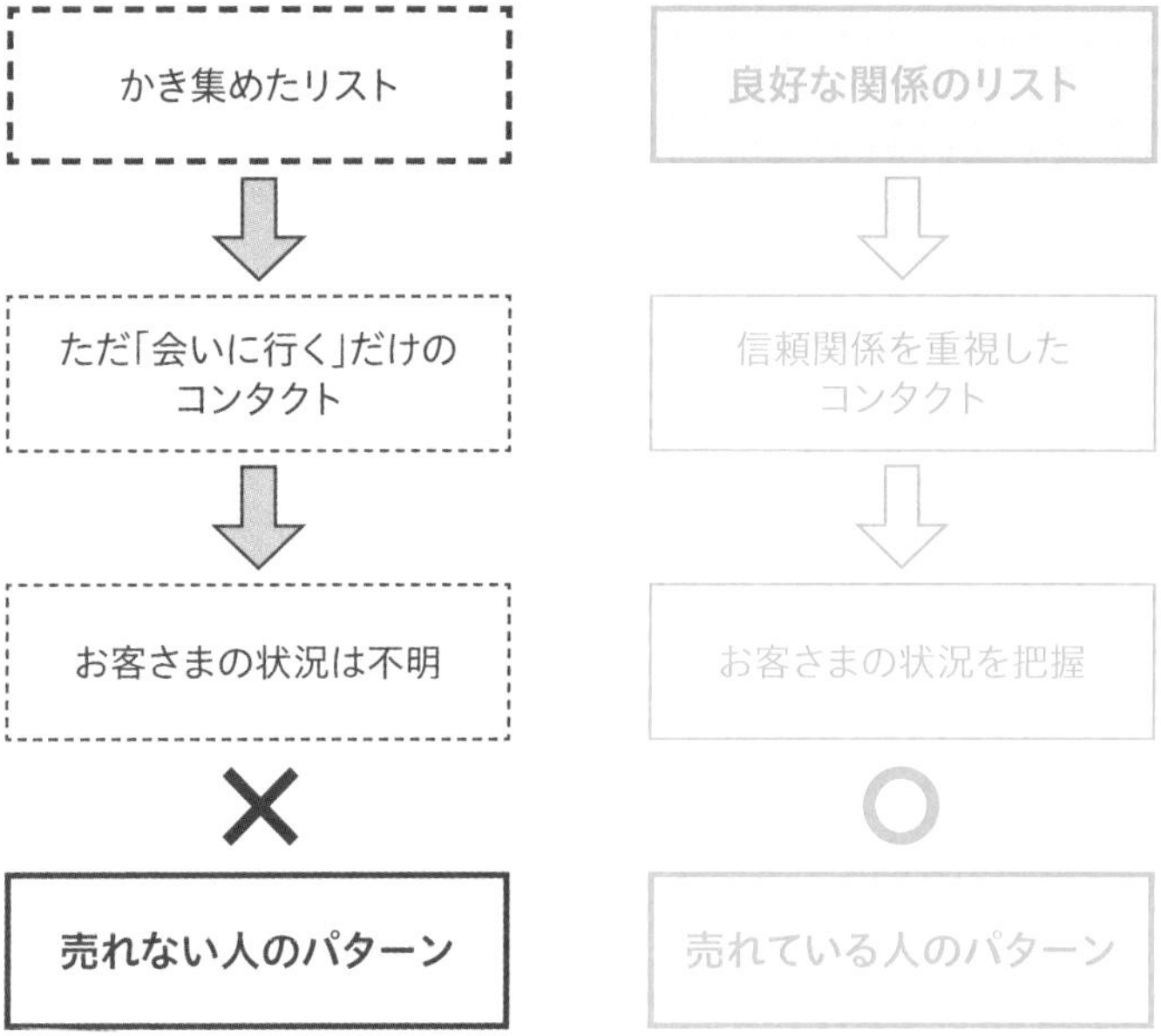

あきらかに避けられているのに、強引に会いに行っても逆効果だということは、人の気持ちに敏感なあなたなら、すでにわかっているでしょう。

したがって、「ステップ営業法」におけるフォローは、あくまでも**「お客さまとの良好な関係をキープする」**ことを第一に考える必要があります。

いまは「買わない」お客さまが、そのうちに「買いたい」となったときに、どの営業マンに声をかけるか？

そんなときに、確実に選ばれる営業マンになるための具体的フォロー策を、これからお話ししていくことにしましょう。

この発想ができれば、飛躍的に売上げが伸びる！

たとえば、アイスブレイクをしているときに、話の流れで「このお客さまは、いまは買わない」ということがわかったとします。

買わない人に対して、これ以上商談を続けてもしかたがありません。

この場合は、すぐにフォローにまわします。

ヒアリングをしているときも同様で、いまは買わないことがわかったら、先に進むのではなくフォローにまわします。

プレゼンテーションもクロージングも同じことです。

ここで、247ページの図をご覧ください。

この図のように、**「商談のどの場面でも中断してフォローにまわすことができる」**という発想をもつと、飛躍的に売上げが伸びていきます。

主な理由は3つあります。

①正しいザイオンス効果を狙える

ヒアリングをしていて、お客さまにニーズがないということが確認できました。

お互いに、「今日は商売にならないね」と合意している状態です。

そこで商談を切り上げれば、お客さまにしてみると、**「こちらのことがよくわかっている、気がきいた営業マンだな」**という印象で終えることができます。

しかし、商談を最後までやろうとすると、お客さまは聞きたくもない商品説明をされたうえに、営業からのムリなお願いを断らなくてはなりません。

いずれにしろ、売れないで帰ることになりますが、お客さまの心象が悪くなるので、次につながりにくくなります。

ヒアリングが終わった時点で、**「今日はここで切り上げてフォローにまわしたほうがよさそうだな」**と判断することができれば、お互いに不快な思いをすることはありません。

もちろん、次回のアポもとりやすくなりますし、会ったときにも気持ちよく面談することができます。

正しいザイオンス効果を上げることで、どんどん売上げに近づいていけるのです。

②嫌われない関係をつくれる

お客さまが「買わない」と言っているのに、「そこを何とか」とお願いしても断られるのは明白です。

フォロー客が増えるしくみ

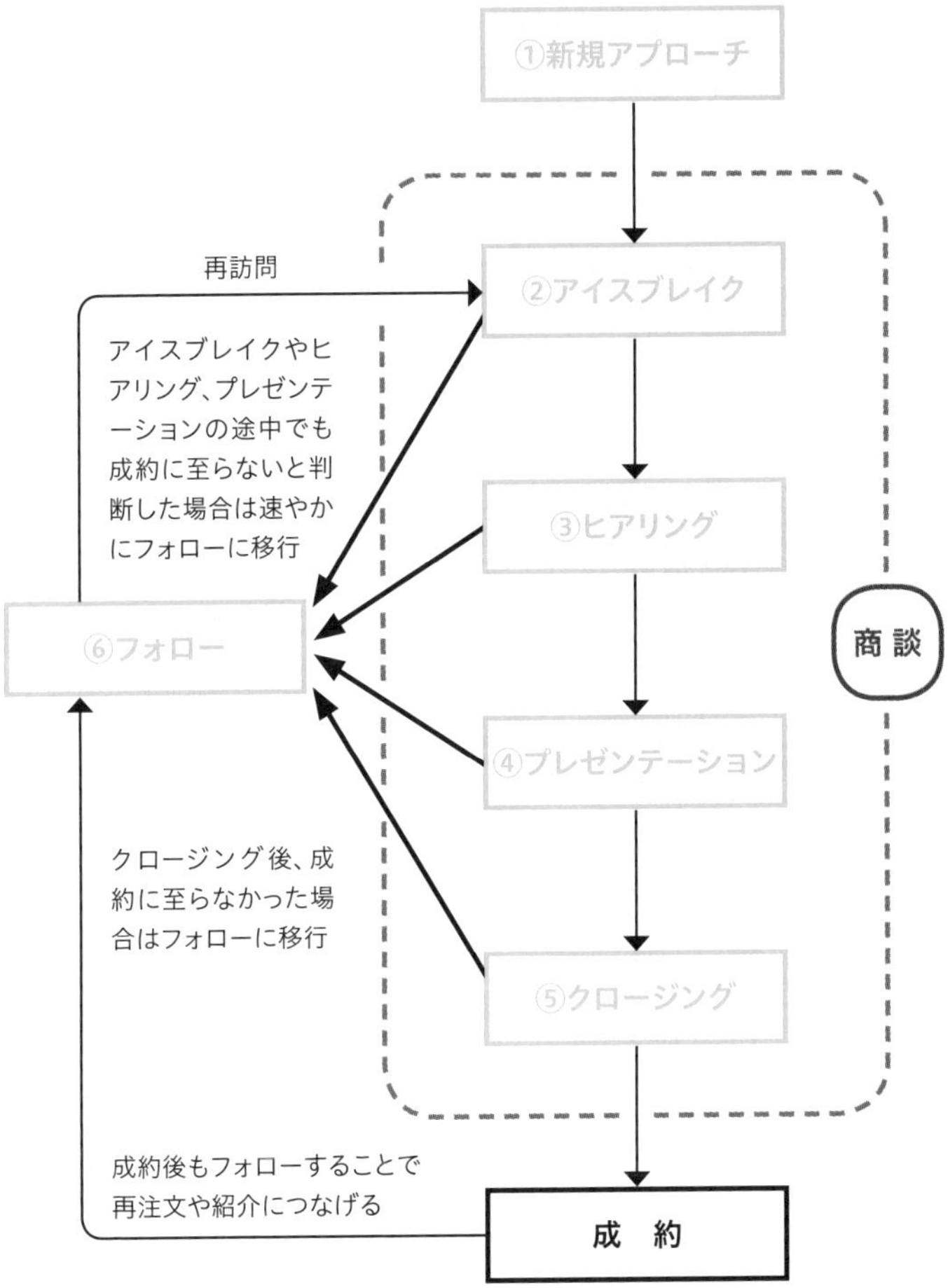
①新規アプローチ
再訪問
②アイスブレイク
アイスブレイクやヒアリング、プレゼンテーションの途中でも成約に至らないと判断した場合は速やかにフォローに移行
③ヒアリング
⑥フォロー
商談
④プレゼンテーション
クロージング後、成約に至らなかった場合はフォローに移行
⑤クロージング
成約後もフォローすることで再注文や紹介につなげる
成 約

それでもあきらめずにしつこくすると、怒らせてしまうのがオチ。

そんなお客さまをフォローしようとしても、もはや手遅れですよね。

今後フォローしやすいような関係を築くのも営業の大事な仕事です。

心がまえとして大切なのは、**「売れなくても嫌われないようにする」**ということ。

「これ以上押したら嫌われる」とわかった時点でやめることです。

そうすれば、次につながる可能性が残ります。

③自分の営業活動が前進しているという実感が得られる

営業マンの評価は明快です。

売れたか売れないか。

売れれば上司も褒めてくれますが、売れなければ文句を言われます。

何よりも売れない状態が続くときの罪悪感というのが、内向型には重いストレスになってきます。

売れればホッとできますが、売れないままだと1日中、気分も落ち込みます。

そんな落ち着かない日々を過ごすのはもうやめましょう。

「今日は売れなかったけど、フォローできるお客さまが1件増えた」

これって、立派に評価すべきことです（さらに言うと、フォロー客の数も営業評価として指標にすべきなのです）。

たとえ上司が評価してくれなくても、少なくとも自己評価は可能です。

日々の営業活動が前進しているという実感を得るためにも、フォローを重視してください。

フォロー重視の営業スタイルへの転換でトップ営業に！

フォロー客を増やすという発想に変わると、自然にお客さまとの関係を重視するようになり、お客さまから信頼されて、結果としてお客さまから声がかかって売上げにつながるスタイルに変わっていきます。

ここで、戦略的にフォローを重視することでトップ営業になったSさんの例を見てみることにしましょう。

Sさんは、精密機器メーカーの営業マンです。

商品は千万円単位の高額なものが多く、それだけに何度も提案を繰り返しながら売上げにつなげていく営業スタイルです。

顧客は、比較的規模の大きな工場をもっている会社がメイン。

組織が大きい会社になると担当者になかなか会いづらく、競合も何社かあるので、そう簡単な営業とは言えません。

そのうえSさんは、超内向型人間でした。

もともと技術畑で仕事をしていた彼は、会社が合併した際に営業に異動になりました。

当初は不本意だったと彼は言います。

当時の上司にあたる人は、典型的な「押しの営業」をするタイプでした。

したがって、Sさんへの指導も「とにかく押せ！」「どんどん会え！」というものだったそうです。

何とか頑張ってはみたものの、性格的にもムリがあることばかり。

当然、結果もついてきません。

そのプレッシャーから体調を崩して入院してしまいました。

Sさんは選択を迫られます。

会社を辞めるか?

営業で成績を残すか?

Sさんは後者を選びました。

そこで、現状をどうにか打開すべく、本屋でたまたま私の本を見つけてコンタクトをとってきたのが、おつき合いの始まりです。

私は、まず細かくヒアリングしました。

彼のこれまでの営業活動、商品特性、ターゲット特性、そして何よりもSさんがどんな状態を望んでいるのか。

その結果、私が結論づけたのが**「フォローをメインとした営業」**でした。

理由は、以下のような状況だったからです。

●ターゲットの数が限定されている

ある程度の規模の工場となると、営業に行けるところが限られてきます。

つまり、出入り禁止などになると、とたんに行き詰まってしまうということです（事実、これまで強引に売り込みをした会社へは行けなくなっていました）。

●じっくり検討して決める性質の商品である

金額的にも商品の性質としても先方がじっくりと検討して決まる類のものでした。

すると商品そのものはもちろん、営業マンの信頼度も重要になってきます。

●Sさんの望んでいる営業スタイルで臨みたい

内向型でガンガン押すのは苦手なSさん。

でも、真面目で几帳面な性格なので、それを営業に活かしたいと思いました。

当人も自分に合ったやり方で成果を出したいとの希望でした。

Sさんが具体的にどのようなフォローをしたのかは、次の項目でご説明するとして、その前に、どんな成果が出たのかをお話ししましょう。

まず、そんなにすぐには売上げにはつながりませんでした。

商品の特性上、半年～1年単位で決まっていくものだからです。

しかし翌年から、Sさんの快進撃が始まりました。

前年度からフォローに徹していたお客さまから、次々に声がかかるようになったのです。


そして、なんとその年のトップ営業に――。


Sさんとしても、お客さまから声をかけてくれるパターンが自分に合っていると感じて、よりいっそうフォロー重視の営業スタイルに変わっていきました。

ときには、別の仕事やプライベートの相談までくるほど、お客さまから信頼される存在になったそうです。

教えていた私としても、理想的な結果になりました。

そんなSさんにやってもらったフォローの方法を、次の項目で解説します。

お客さまのランク分けをすると「やるべき行動」が見えてくる

お客さまのフォローリストを一律で管理しているのをよく見かけますが、あまり効率的ではありません。

名刺交換しただけの人と、過去にたくさん買ってくれた人を同じ扱いにしてはいけません。

私が先ほどのSさんをはじめとしたクライアントにすすめているのは、フォローするお客さまをA〜Dの4段階に分けることです（次ページの図参照）。

それぞれ注文が入る可能性を示しています。

A：当月売上げの可能性80％以上
B：当月売上げの可能性50％以上
C：当月売上げの可能性20％以上

ランク分けしたフォローリストの例

ランク	クライアント名	担当者	進捗状況
A	○○物産	○○社長	今月中にご注文をいただけるとのこと
B	××商事	××係長	プレゼン後の結果待ち(感触よし)
C	△△開発	△△総務担当	次回、上司の方と面談の約束あり
D	◇◇製作所	◇◇人事担当	まだ名刺交換のみ

D:まだ見込みなし

パーセンテージは営業マンの感覚で決めることになります。

当月中(商品によっては1年以内など)に売れる可能性が80%以上と判断すれば、Aにするという感じです。

このようにすると、自然に**「優先すべきこと」**が見えやすくなります。

当然、Aの受注確率が高いので、そこに力を注ぎます。

あとは、それぞれのランクアップを目指していけばOK。

C→Bにしていくなどです。

そして、訪問したときなどに、進捗状況を記入していきます。

● 日時
● 用件
● 担当者名
● そのときの会話　などなど

このように、あとでだれが見ても状況がわかるようにしておきます。

加えて、できれば**チームで情報を共有する**といいでしょう。

「君のそのCランクのお客さまは、いまどういう状況なの？」

「そのDランクのお客さまはずっとDだけど、何か進展はないの？」

こうして先輩社員などからアドバイスをもらったり、ときには一緒に同行してもらったりすると、仕事を前進させやすくなりますし、こんな感じでやりとりできると、1人ではなく、みんなで一緒にやっている実感もわいてくるので、モチベーションも上がります。

さらには、こうしてリストにすると、**「やるべき行動」**が見えやすくなります。

- みんなに比べてフォロー客が少ないな。もっと増やす行動をしよう
- Dランクが多いな。今月はランクアップを目指そう
- 今月はAランクが3件あるから、来月ぶんに力を入れよう

日々の営業活動の目的とは、フォロー客を増やして、それぞれのランクを上げることです。案外シンプルですよね。

いずれにしても、これを繰り返していけば、自然に売上げにつながるのと同時に、営業成績も安定していきます。

前出のSさんも、このフォローリストを中心にした営業で成果を上げていました。

強引な営業をしなくてもすむので、まさに内向型に最適です。

あなたも、ぜひ一度試してみてください。

お客さまからの信頼度を「見える化」しよう

ここまで、いかにフォローが大切なのかということについて見てきました。

でも、ここであなたはこう思ったかもしれませんね。

「フォローって、実際には何をすればいいの？」

たしかに内向型営業マンにとって、とくに用事もないのに客先を訪問するのは苦手なことでしょう。

それは、先ほどのSさんや他の内向型営業マンたちも同様でした。

そこで私は、ある課題を出しました。

すると、それまで尻込みしていた人たちが、率先してお客さまのところへ行き始めたのです。

しかも、なぜか楽しそうに。

その課題がこちらです。

訪問したときにお客さまからお茶を出してもらえるようになる――。

「何言ってんの？」と思われたかもしれませんが、本当です。

そもそも、お客さまから嫌われがちな営業マンにとって、客先でお茶を出してもらえるというのは、1つの大きな成果です。

それだけ**「来客」**として丁寧に扱ってもらえていることの証ですからね。

課題は5段階があります。

- レベル5：他の部署の人を紹介してもらった
- レベル4：訪問時にお茶が出た
- レベル3：着座して話ができた
- レベル2：立ち話ができた
- レベル1：名前を覚えてもらった

このように、顧客別にどこまでレベルが進んだかをチェックするのです。

いわば、お客さまからの信頼度をわかりやすく指標にするということですね。

これを始めると、ある変化が起こります。

それまでは、「行っても何を話していいのかわからない」と言って、なかなか行かなかった営業マンが、客先に行くようになりました。

「とりあえず立ち話ができることを目指そう。そのためには何か話題になるものを準備していかないと」

「次は、いよいよお茶を出してもらえるかどうかだ。どうすれば、そこまでの関係になれるかな」

このような思考に変わったのです。

そして、お客さまとの関係性の尺度を具体的にしたことで、対策を練るようにもなりました。

結果として、積極的に客先に行くようになり、良好な関係を築けたことで、当然のように売上げが伸びるようになったのです。

ちなみに、この5段階のレベルの内容は、営業マン各自に考えてもらいました。それぞれのお客さまとの関係性は、業種によっても違ってくるので、私が勝手に決められるものではないからです。

先ほどの5つは、私が例として見せたものです。

なかには10段階まで考えてきた人もいました。

フォローの成果や度合いを**「見える化」**することで、お客さまとの信頼関係も深まっていきます。

目に見えるフォローの方法を、ぜひ取り入れてみてください。

メールを活用して「会わずに」フォロー

昨今では、お客さまをフォローする有力な手段として**「メール」**も無視できません。

「でも、どんな内容のメールを出せばいいの？」

あなたは、そう思われたかもしれません。

やはりメールを出すからには、お客さまにきちんと読んでもらいたいですし、できれば返事も欲しいですよね。

直接会うのと同じくらいの効果があるメールなら、それ自体で立派な営業活動とも言えます。

そこでおすすめするのが、あらかじめ「フォローメール」を出すことを想定して行動しておくことです。

お客さまというのは、お互いによく知っている話題であるほど、返信したくなるものです。

つまり**「訪問したときの会話」**というのは、メールでも会話がしやすいのです。

これをうまく使いましょう。

たとえば、訪問時のアイスブレイクのときに、

営業マン 「こちらに来る途中で、行列のできているたい焼き屋さんがありましたが、ご存知ですか?」
お客さま 「ああ、あそこはけっこう有名な店ですよ」
営業マン 「そうなんですね。やっぱりおいしいんですか?」
お客さま 「皮がパリッとしていておいしいですよ」
営業マン 「いいですねえ。帰りにちょっと寄ってみます」
お客さま 「ぜひぜひ。個人的にはカスタードがおすすめです!」

といったやりとりになったら、私は心のなかで**「よし、帰りに買って行こう。そして、その感想をメールで送ろう!」**と考えます。
そして、帰社したら、次のようなメールを送ります。

「先ほどはありがとうございました。
例のたい焼き屋さん、さっそく行ってみました。
カスタードとつぶあんを買って社内のメンバーに配ったら大好評でした。

やはりカスタードはおいしいですね。

いい店を教えていただき、ありがとうございました！」


仕事の話は、とくにしません。というよりも、あえてしません。

このようなメールなら、お客さまも思わず返信したくなりますよね。


いずれにしても、お客さまとの会話に出てきた話題を使うことで、リアルの面談とメールとがうまくリンクして、会話が続いているような感じになります。


すると、たとえ一度しか会っていなくても、お互いによく知っていると思えるような関係になれます。

もちろん、そうなれば仕事の話も前向きに進みやすくなるでしょう。

そのためにも、お客さまの近隣のお店などをチェックして歩くことをおすすめします。

ちなみに、お客さまへのフォローメールで使うネタは、アイスブレイク時に限定する必要はありません。

他の営業ステップでのやりとりも、フォローメールとして使えます。

●ヒアリング時：「今日は質問攻めにしてしまってすみませんでした。でも、とても興味深かったので、つい突っ込んで聞いてしまいました」

●プレゼンテーション時：「商品説明をしているときに、鋭いご指摘をありがとうございました。だれも気づいていない点だったので、とても参考になりました」

●クロージング時：「最後にお見せした資料は、ちょっと見づらかったですね。次回はバージョンアップしたものをおもちします！」

このように**「その日のやりとりで印象に残ったこと」**などを、メールに添えるようにしてみてください。

きっと、お客さまとの距離が縮まることでしょう。

「紹介」をもらえる営業マンには理由がある

お客さまのフォローをしていくことの効果は、単にそのお客さまから売れることだけにとどまりません。

それは、「紹介」が期待できることです。


私の体験からしても、お客さまからの紹介ほど成約率の高いものはありません。

フォローというと、どうしても目の前のお客さまに対するものだと思ってしまいがちですよね。

そのお客さまが、そのうち買ってくれるのを待つパターン。

しかし、それだけでは、どんなにうまくいってもフォロー客の数しか売れません。

ポイントは、フォローするときの視点です。

目の前のお客さまに買ってもらうというよりも、目の前のお客さまに宣伝してもらうという意識をもつこと。


私が教えていた営業マンは、あるときから紹介が増えるようになりました。

ただし、とくに「だれかを紹介してください」とお願いしていたわけではありません。

その営業マンには、何度か訪問していて、出されたお茶を飲みながら世間話ができる間柄のお客さまがいました。

とはいえ、お客さまはその営業マンの商品を買いませんでした。

その商品が必要なかったからです。

営業マンも、その点はあきらめていました。

それでも行くと喜んでくれるので、ときどき訪問していたのです。

するとあるとき、お客さまからこんなことを聞かれました。

「先日、友人と話していたら、あなたの商品が欲しいと言っていたの。紹介してもいいかしら？」


これをきっかけに、何人かのお客さまを紹介してもらったのです。

なぜ、頼みもしないのに何人も友人を紹介してくれたのでしょうか？

2つの理由があります。


まず、売り込みをしなかったことです。


売り込んでも売れないのがわかっていたので、その営業マンは売り込もうとする意識がゼロの状態になっていました。

だから受け入れてくれたのです。

どんなに友人が欲しがっていても、強引に売り込むタイプの営業マンは絶対に紹介したくないものです。

友人に迷惑をかけたくありませんし、そのことで後悔したくないですからね。

その意味でも、安心して紹介できる営業マンだと思われることが重要です。

そして、もう1つは、営業マンに対する「申し訳ない」という気持ちです。


せっかく来てもらっても、自分は買うことができない。

でも、何とかこの営業マンの力になりたい――。

そんな気持ちが働いて紹介につながったのだと考えられます。


「売り込み」をしないメリットを体感した彼は、それ以来、目の前のお客さまが買ってくれるかどうかではなく、その人に信頼されることを最優先するようになりました。

その結果、紹介されるケースが加速度的に増えたのです。

ぜひ、お客さまをフォローするときには、**「その人の後ろには何人ものお客さま候補がいる」**ことを意識しながら行動してみてください。

だから、あなたも必ず「売れる営業」になれる！

内向型の人は、基本的に引っ込み思案です。

自ら人のところに出向くことに抵抗を感じるタイプが大多数です。

「じゃあ結局、営業に向いてないじゃないか」

そうです。

あ、いえ、そうでした。

まだインターネットもメールもないころの営業は、どんどん自分で客先に向かっていくほうが売れました。

しかし、現在、そしてこれからの営業はそうではありません。

お客さまのところへ躊躇なく出向くことが、マイナスに作用するようにさえなります。

笑顔と元気を売り物にしても売れないのです。

契約になるかどうかを決めるのは、営業マンの「売りたい気持ちの強さ」ではなく、お客さまの「買う」という冷静な判断です。

つまり、自分の気持ちではなく、いかにお客さまの気持ちに寄り添うかが重要なのです。

これは、もともと人に迷惑をかけたくないという思いが強い内向型営業マンにとっては、普通のことです。

そう、内向型営業マンは素のままで営業すればいいのです。

そして、そうしたほうが間違いなく「売れる営業」になれるのです。

そもそも、まわりに合わせて自分を殺してしまうと、売れないだけでなく大きなストレスを抱えてしまいます。

いまや攻めの営業では売れません。

押せば押すほど、お客さまは離れていきます。

「ちょっと相談があるんだけど、来てもらえる？」
「ネットで調べたけどわからなかったんで、質問したいんだけど」
「買い替えのときは、君にお願いしようと思っていたんだ」

こんな感じで、お客さまのほうから声をかけてくれたらいいですよね。

こちらの都合ではなくお客さまの都合で行くのなら、それほど抵抗なく営業することができるでしょう。

さらに、**「あなたに来てほしい！」**と言われたら、営業も楽しくなってきます。

期待されると、やりがいも上がります。そして、その期待に応えようとすると、ますます信頼度も上がり、売上げに結びついていきます。

私は、これが営業の究極の形だと考えています。

お客さまが喜び、自分もうれしくなり、会社にも貢献できる――。

ぜひ、あなたもそんな内向型営業マンになってください。

私が一番伝えたいこと——「おわりに」に代えて

◎「ステップ営業法」が内向型営業マンの人生を変える

ここまで本当にお疲れさまでした。

「抑揚をつけずに淡々と話せ」とか「断られたら素直に帰れ」など、従来の営業とは真逆のこともたくさんお話ししましたので、少し頭が混乱した部分もあったかもしれませんね。

でも、ここで言っていることは、すべて正論。奇策でも何でもありません。

最も重要なのは、ステップの一連の流れです。

そして、その流れを止めないことです。

接触したすべてのお客さまをフォローし続けることで、どんどんラクに売れるようになっていきます。

そのためにも、流れを止めてしまう行動（強引な売り込みやしつこくお願いするなど）を避けることが大切なのです。

私は、この**「ステップ営業法」**を見つけたことで人生が大きく変わりました。

リクルートで営業をやっていたときに、売れないままで挫折して、そのまま辞めてしまう人生もあったはずです。

そうなっていたら、おそらく営業はあきらめていたでしょうし、当然いまの仕事もやっていないでしょう。

私の場合は、たまたまリーダーが同行に誘ってくれたというきっかけが、その後の運命を分けたと言えます。

ついでですが、序章でのリーダーの話には後日談があります。

あのとき、リーダーが「静かな」営業を見せてくれたのは、**すべて私のためだった**ということを、後日、当人から聞かされました。

ふだんの彼は、見たままの明るい営業スタイルとのこと。

あの日は私にヒントを与えるために、**あえて内向型営業を演じてくれた**のです。

それを聞いたときは、言葉が出ないくらい驚きました。

そのおかげで今日の私があります。

本当に心から感謝しています。


いま、この本を書きながら、当時のことを思い出していました。

内向型の人が「売れる営業」になるというのは、あなたが想像している以上に大きなインパクトがあります。


それは、単に社内で認められることだけにとどまりません。

ともすると、劣等感のかたまりになってしまいがちな内向型人間にとって営業で成果を出すことは、ものすごく大きな自信につながるのです。

内向型でも世間に通用する。

しかも、一番向いていないと言われていた営業で通用すると、まるで生まれ変わったかのような感覚にさえなります。

仕事での自信は、私生活にも好影響を与えてくれます。

それまで女性とは全く縁がなかった私でしたが、生まれて初めて緊張することなく、普通に一緒にいられる人と出会うことができました。


そう、まさに人生が一変したのです。


この感覚をぜひ、あなたにも味わってほしい！

そのためにも、まずは**「売れる営業」**になってください。

大丈夫、「ステップ営業法」をきちんとマスターすれば、必ず売れるようになります。

◎内向型という「個性」を活かすかどうかはあなた次第

私は子どものころから常に劣等感を抱えて生きてきました。

まわりの子よりも劣っている部分を見つけては、それを何とか平均点までもっていこうとしていました。

でも、他の子が簡単にできることでも、私にとってはハードルが高いこともしばしば。人よりも時間をかけて、ようやく少しだけ前に進むという感じでした。

それは、大人になってもしばらくは変わりませんでした。

人よりもできないことばかりに注目して、それを克服することに時間をかけている。そして、時間をかけたわりには成果につながらないことの繰り返し。

そんな悶々とした日常に終止符を打ったのは、じつは前著である『内向型営業マンの売り方にはコツがある』を書いたあとでした。

その本のなかで、それまで隠していた自分の劣等感の部分（自分がいかに内向型の性格なのか）をすべてオープンにしてしまったのです。

出版の当日、私はビクビクしていました。

これを読んだ知人や友人が、この本に書かれている私の本性を知ったら離れていくのではないかと思っていたのです。

ところが、ふたを開けてみたら、うれしい誤算が待っていました。

それまでは微妙な距離感だった人たちが、グッと私に近づいてきてくれたのです。

当時の私にとって内向型というのは、隠しておきたいマイナスの象徴でした。

それをオープンにしたのにもかかわらず、なぜ人は認めてくれたのか？

まわりの人たちは、みんな知っていたのです。私が内向型だということを。

ふだんの私の言動に触れていれば、私の素の性格などお見通しです。

さらに、そのことを当人である私が隠そうとしているのも知っていました。

「あまり触れられたくないみたいだから、渡瀬に対しては内向型に関するワードは言わないでおこう」

そのように無意識のうちに、まわりの人たちに気をつかわせていました。

ところが、本の出版をきっかけにして、**「もう渡瀬に気をつかわなくてもいいみた**

いだな」となって、グッと距離感が縮まったのです。

私はホッとするのと同時に、ようやく理解しました。

なぜ、友人たちとそれほど親しくなれなかったのかの理由を。

私は自分の性格が悪いからだと思っていたのですが、そうではなくて、素直に自分を認めない私に対して距離をとっていたということだったのです。

自分は内向型だと言い切った私を見て、**「ようやく素直になってくれたんだな。それならもっと距離を縮めてつき合えそうだな」**と考えてくれたというのが真相でした。

これは当然、お客さまにも言えることです。

素の自分を隠しながら営業に行っても、どこかでバレています。

そして、そんな営業マンとは距離を置こうとするでしょう。

結果として、売れません。

そこで、あなたへの心からの提案です。


自分は内向型だということを自分で認めてしまいましょう。

内向型は悪いことでも恥ずかしいことでもなく、単なる**「個性」**の1つです。
人より劣っているかどうかではなく、単なる人との**「違い」**なのです。

「そうは言っても、ずっと隠してきたことをオープンにするのは勇気がいるよ」

その気持ちもわかります。
私も勇気を振り絞りましたからね。
でも、勇気を出してオープンにしたからこそわかります。
決してマイナスに作用することはありません。
むしろ、驚くほどプラスに作用することを確約します。

ぜひ、人にはない、内向型という個性を活かしてください。
そして、自分が一番ラクな状態で営業に行ってください。

お客さまが受け入れてくれるようになるだけでなく、自分自身が解放されてスッキりとした気分になるでしょう。

ぜひ、内向型の性格のままで、堂々とあなたらしい人生を歩んでいってほしいと思います。

サイレントセールストレーナー　渡瀬　謙

※最後まで読んでいただいたお礼に、ささやかなプレゼントをご用意しました。
私が書きためていた「営業１００の格言集」です。
この本の内容をいろいろな角度で切っていますので、空き時間にパラパラとめくっていただければ、ジワリと効いてくるはずです。
ぜひ、こちらもご覧ください。

無料『営業１００の格言集』申込みページ　http://pictworks.com/kakugen

“内向型《ないこうがた》”のための「営業《えいぎょう》の教科書《きょうかしょ》」

自分にムリせず売れる6つのステップ

2020年 8月31日　　初版発行

著　者……渡瀬《わたせ》　謙《けん》

発行者……大和謙二

発行所……株式会社大和出版

東京都文京区音羽1-26-11　〒112-0013
電話　営業部03-5978-8121／編集部03-5978-8131
http://www.daiwashuppan.com

印刷所……誠宏印刷株式会社

製本所……ナショナル製本協同組合

ISBN978-4-8047-1868-2

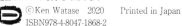